取り替えなくても
よみがえる

排水管ライニング工法の秘密に迫る！

藤井金藏
一般社団法人P・C・G協会会長

現代書林

はじめに

私は出会いを大切にしています。

この本を手にして、今私の文章を読まれているのなら、これは私とあなたが出会ったということです。私と一緒にライニング事業で共存共栄を目指しませんか？

「失われた30年」と呼ばれ、バブル以降、日本経済は長期的な停滞に陥っています。かつては世界で大人気だった日本の自動車、家電、ＩＴ関連の産業も元気がありません。それどころか、少子高齢化の時代に多くの市場はさらに縮小すると言われています。

そのような今でも、将来も、拡大し続けるのが「ライニング業界」なのです。

第1章で詳述しますが、排水管のライニングの市場が非常に大きくなっています。

私が会長を務める「株式会社Ｐ・Ｃ・Ｇテクニカ」は排水管更生（ライニング）業界において13年間連続でトップの業績を上げています。

「Ｐ・Ｃ・Ｇ」とは「Ｐ」はパイプ・プラント、「Ｃ」はクリーニング、そして「Ｇ」はギャランティーを意味しています。

順を追って話しましょう。まずライニングとはどんな事業かを説明します。

マンションやビルの給水管・排水管が老朽化などで使えなくなった場合、修繕方法は「配管替え」か「ライニング」なのです。「配管替え」は、文字通りの意味で古い配管を新しく取り替えるために「更新工事」とも呼ばれています。

我々が手がけているのは「ライニング」です。

これは古くなった配管を元通り、もしくはそれ以上の耐久性を持つパイプに修復する「更生工事」と呼ばれています。ちなみに、ライニングの場合は、一度施工するだけで終わりではありません。排水管は定期的な洗浄が必要になります。

そして、業者の保証期間が過ぎたら、再度のライニングをしなければなりません。時間経過とともにライニング素材も劣化するからです。しかし、その保証期間やライニング素材に関して、業者によってクオリティーに大きな差があるのです。そのため、いかに「安全、安心で長持ちのするライニング」を選ぶかが大切になります。

なぜ当社のライニングは13年間もトップを維持できているのか。

当社のライニング技術は他社とはまったく違うからです。

工法の具体的な内容は本書の中で丁寧に説明しますが、要点だけを申し上げるなら、他社のパイプ内を洗浄して塗料を塗るだけの工法に対して、当社は配管の中に「新しいパイプ」を作ってしまうパイプ・イン・パイプ工法なのです。

当社が運営する一般社団法人P・C・G協会は、建築物の保全に関する総合的な調査研究及び技術開発を行う機関である一般財団法人建築保全センターより、多くの工法に対して「保全技術審査証明書」の交付を受けています。この証明書に関しては詳しくは本書の第3章で説明します。

排水管のFRPライニング工法として「P・C・Gマルチライナー工法」、排水本管と分岐部の再生と補強を実現した「P・C・GFRPサポーター工法」、専有管・室内管更生を行う「パラシュートライニング」、また、給水管の更生を行う「P・C・GVacL工法」など、独自の技術で「技術審査証明」や特許を取得しています。

中でも「P・C・Gマルチライナー工法（FRPライニング）」で施工した配管は補強と強耐震性を併せ持ち、一般的なライニングが5~10年間の保証なのに対して20年の保証期間を付けられる最高品質の技術です。

しかも、配管替え工事に比べて、工期はわずか1~2日であり、工事費に関しては約半分のコストで済みます。

そういった他社の追随を許さない技術と品質によるライニングは、今や依頼が増える一方です。ありがたいことに、当社の仕事の仕上がりを見たお客さまがクチコミで次々に新しいお客さまを紹介してくれています。

あるいは、施工作業している現場を見た関係者が興味を示してくれるケースも多々あります。当社のライニングの作業が他社と違うことは、建築関係、洗浄関係、さらには以前に配管修繕を発注した経験のある管理組合の方々なら一目瞭然なのです。

そのため、あるマンションで施工していれば、周囲にある同時期に建築されたマンションの関係者が興味を示して「どのように修繕をしているのですか?」と聞いてくれます。当社のライニングの内容を説明すると、「ぜひ説明会を開いてほしい」とか、「うちのマンションも配管修繕の時期なので見積もりを出してほしい」と言われるのです。もちろん、実際の発注へとつながるケースが多いです。

民間マンションだけではありません。P・C・G協会では公営住宅、会館、学校、官公庁の施工依頼や見積もりの引き合いが急激に増加しています。

ライニング業界のマーケットは非常に大きくなり、施工の順番を待つお客さまが数多くおられます。市場の成長に対して、施工できる会社が少なく、仕事をやりきれていません。

その数は当社と現在の協会の施工代理店だけではとてもカバーしきれないので、Ｐ・Ｃ・Ｇ協会では施工代理店として一緒に排水管更生に取り組んでもらえる会社さんの募集をさせていただいているのです。

本書では、できるだけわかりやすく、ライニング業界の現状、排水管や「ライニング」の技術と手法、コストなどを解説しました。マンション管理組合の方々が施工会社を選ぶ際の日安にもなるかと思います。

さまざまな情報を踏まえ、読者の皆さまにベストな判断をしていただければ幸いです。

２０２５年１月

一般社団法人Ｐ・Ｃ・Ｇ協会
株式会社Ｐ・Ｃ・ＧＴＥＸＡＳ
株式会社Ｐ・Ｃ・Ｇテクニカ
会長　藤井 金藏

目次

第3章 P・C・Gが発明した特許技術「第3の工法」

Q&A

第4章 全国に広がるP・C・Gのネットワーク

第5章 ビル・マンションを元気にする「配管革命」

第1章

マンション老朽化の現状

◆高経年マンションの増加・法律の追い風

私はライニング業界の需要が高まり、市場が広がっていると申しました。

15ページのグラフは建築着工統計などを基に推計した分譲マンションストック戸数および国土交通省が把握している除却戸数を基に推計し、グラフ化したものです。

マンションストックとは過去に建築され、現在も存在する分譲マンションの総戸数をいいます。

すでに築40年を超えるマンションは2023年末において136万9000戸になっています。確実に配管修繕の対象となる築40年以上の高経年マンションは、マンションストックが急激に伸びているのと同様に増えていきます。2033年末には274万3000戸、2043年末には463万8000戸に膨れ上がります。

今から10年後には約2倍に急増するわけです。

これらの数字は、あくまでライニング業界の市場という視点から見れば、縮小どころか拡大していると言って間違いない事実です。

また、1995年1月の阪神・淡路大震災以降、マンションのインフラ整備の維持管理、改修の必要性を再認識した住民も増えています。法律の改正・整備もあいまって、老朽化対策への関心は着実に高まっているのです。

他にも修繕への意識を高める追い風はいくつもあります。２０２３年４月１日から国の管理計画認定制度、あるいはマンション管理業界による管理適正評価制度がスタートしたことによって、マンション購入時の判断材料として「修繕実施状況」が注目されています。そのため築年数の古い建物だけではなく、超高層マンションであっても給排水管更新工事や更生工事の動きが本格化しています。

築40年以上のマンションストック数の推移

○2023年末で、築40年以上のマンションは約136.9万戸存在する。
○今後、10年後には約2.0倍、20年後には約3.4倍に増加する見込み。

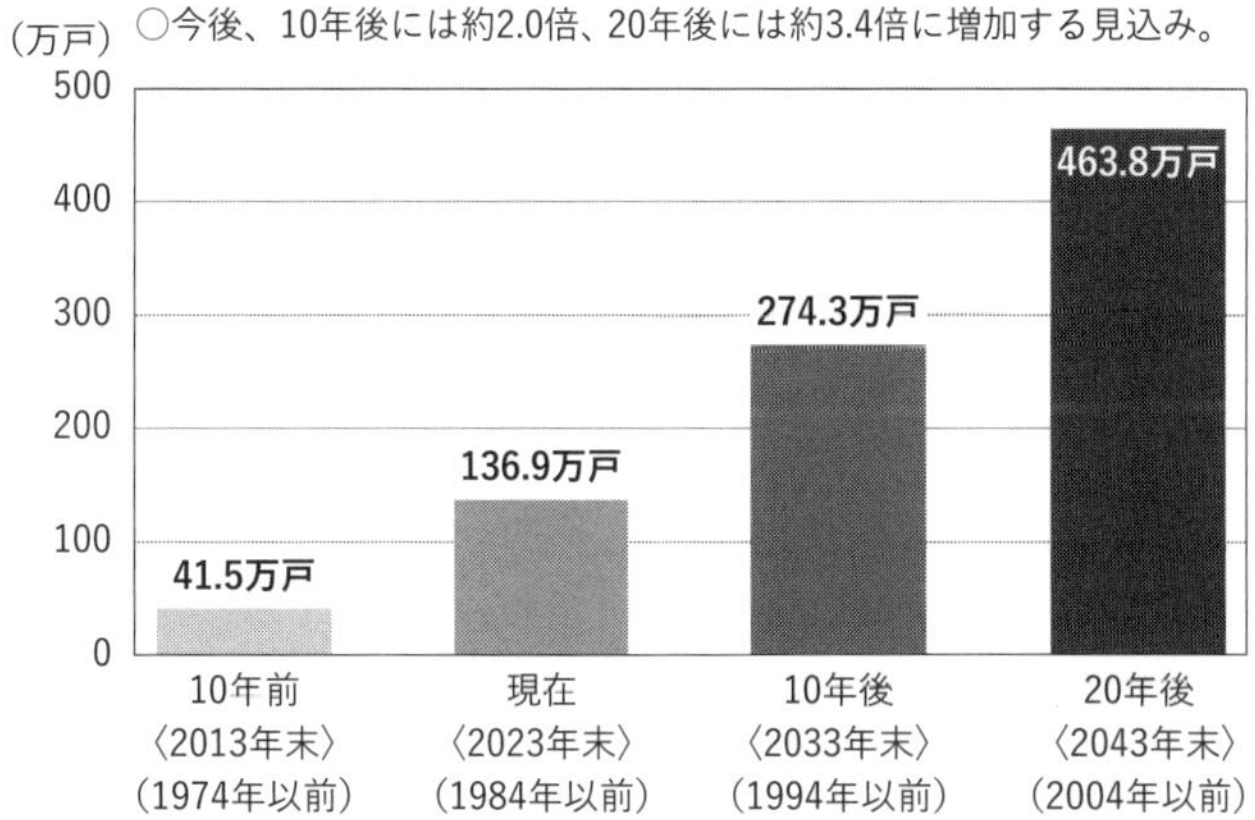

※（　）内は築40年以上となるマンションの築年を示す。
※建築着工統計等を基に推計した分譲マンションストック戸数及び国土交通省が把握している除却戸数を基に推計。

◆配管の材質による劣化への対策

ここで視点を変えて、技術的な話をします。

排水管の素材に関する話です。じつは、排水配管材というのは、昭和60年代から平成初期までの建築物件では配管用炭素鋼鋼管（白ガス管）、排水用鋳鉄管が使われています。そして、2004年（平成16年）6月に、施工業者やマンションの管理組合に向けて国交省が作成した、『改修によるマンション再生手法に関するマニュアル』において、これらの排水管がすでに修繕時期にあると示されました。

さらには、「昭和に建てたビル・マンションに多く使われている鉄管なら、15〜20年の寿命」とまで記述されています。2004年の時点で、対象となりうる築20年以上のマンションは、分譲・賃貸を含めて約1500万戸を突破すると予測されていました（「管材新聞」2003年9月24日）。

最近の建築では、30年はもつといわれる硬質塩化ビニル管による排水管が主流です。しかし、決して耐久性において安心とは言えません。地震などの影響によって枝管分岐の部分に亀裂が生じれば、補修が必要になるケースも出てきます。

現在でも、少なく見ても数百万棟のマンションがそれに該当すると考えられます。

マンションの排水管は年1回の定期清掃を行いますが、15年、20年と経過したマンションの中には排水管がボロボロになっており、清掃をすると水漏れが生じるという物件も少なからずあります。

なぜ清掃をすることで水漏れが起きるかといえば、清掃前は配管の内側は溜まっているゴミやラード状の物質でふさがれて、かろうじて水漏れが止まっていたのに、衛生状態や流れを改善するために洗浄した結果、水漏れを防いでいたゴミがすべてなくなり、ピンホール（穴）や亀裂から水が漏れるのです。

施工会社によっては応急処置で漏れた部分を外からテープを巻くこともありますが、これでは長く保ちません。またマンションの配管は同じ時期に敷設している以上、ひとつのマンションに１００世帯入っているなら、水漏れが判明したのは1件だ

スラブ内で漏水

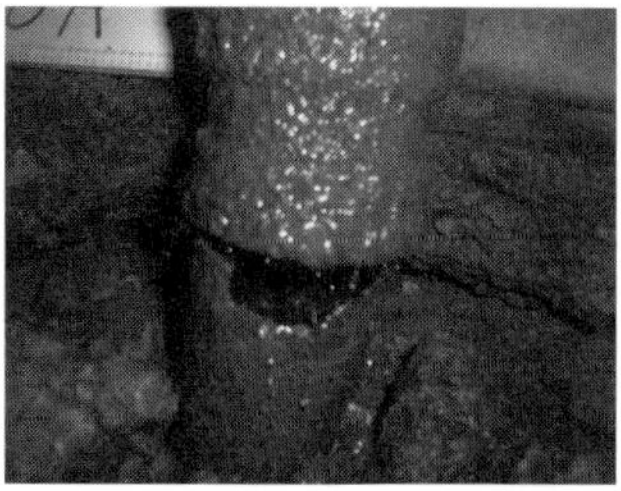
腐食によって大きく破断した排水本管

としても、腐食の影響の大小の違いはあれ、他の99世帯でも、すでに同じことが起きていてもおかしくないのです。

◆災害対策としてのライニング需要の高まり

近年は地震、台風など災害が頻発しています。2024年1月には能登半島地震が起き、台風によっても各地で甚大な被害が生じています。

それらの災害は、傷んだ給水管・排水管には大きな負担になってしまいます。

実際、東日本大震災（2011年3月）の際にも、マンションの古くなった給水管・排水管の破損が数多く見られました。築年数の古いマンションの配管は、ねじ込み部分や、台所系統、分岐部が非常にもろくなっています。床や壁に固定されている配管は、地震の衝撃や揺れに耐えることが難しく、破断してしまうのです。たとえ小さな地震であっても、日本のように頻発すると、その度にパイプは傷めつけられています。

ましてや大型地震が起こってしまえば、配管は耐えきれず、破裂・破断が起き、緊急工事が必要となるでしょう。しかし、付近一帯には同様に復旧工事を待つビル・マンションが建ち並んでいるので、とても業者の手は回りません。

じつは、地震時のライフラインにおいて、飲み水＝給水管を心配する方が多いのですが、実際に気を付けなければいけないのは、むしろ排水管なのです。

給水管がダメになっても、飲み水に関しては給水車からの配給や、ペットボトルを購入することで当座はしのげます。

しかし、自宅の排水が一切使えなくなったら、生活そのものが成立しなくなるのです。とくにマンションの排水管が破断し、水漏れが起きれば、台所、お風呂、水洗トイレ、すべてが使用不可になります。仮に自宅が無事であっても、階下との間の排水管に破損が起これば、そこから汚水が流れて最悪の事態が起きます。これらのトラブルが周囲で同時多発する以上、とんでもないパニックにつながります。

阪神・淡路大震災（1995年1月）がその典型です。

埋設した下水管に大問題が起きてしまいました。新旧の管に関係なく、地下でつながっていた管が折れ曲がり、地面に飛び出して使えなくなったのです。さらに事態が悪化したのは、それぞれの家庭から流された排水が行き場を失ったため、地上に噴き出したことです。周囲は大混乱に陥りました。芦屋の高級住宅街では何カ月もトイレが使えなくなりました。

このように災害時の配管のトラブルは深刻です。そんな危うい環境に、給水管・排水管は現在も晒されているのです。一度破損してしまえば、住民は給水管・排水管が使えないまま、調理ができない、トイレにも行けないなどの不便な暮らしを余儀なくされてしまうのです。

ちなみに、この時、当社のＦＲＰライニングで施工した排水管には問題が起きていませんでした。なぜなら、古い排水管の内側に、耐久性が高く地震にも強いＦＲＰ（繊維強化プラスチック）による新しいパイプを作っていたからです。つまり、パイプ・イン・パイプです。詳しくは第３章で説明しますが、この工法を「Ｐ・Ｃ・Ｇマルチ

1995年1月に起きた阪神・淡路大震災では数多くのビル・マンションが被害に遭った

ライナー工法（ＦＲＰライニング）」と呼んでいます。

このような実績を評価され、現在、国土交通省でも当社のような更生工法を各市町村の下水管更生に奨励しています。

◆ナンバーワンの実績とプライド

このような背景もあり、当社はライニング業界で実績を伸ばし続けています。２０２３年度はＰ・Ｃ・Ｇ協会の本部として31億３２１０万円の売り上げになりました。市場が大きくなるにつれ、当社のライニング工法の優位性も広く認められ、シェアが伸びてきているというわけです。

配管替えは高額の費用と、長い工期による住民への負担が大きいので回避したい人が多いのは当然です。そこで、現在の排水管改修工事は、新しいパイプと交換する〝更新〟ではなく、当社のパイプの中にパイプを作る「Ｐ・Ｃ・Ｇマルチライナー工法（ＦＲＰライニング）」をはじめとした〝更生〟で対応するのが主流となってきています。

しかも、当社のライニングならば「配管の中をきれいによみがえらせる」だけではなく、さらに強靭で長持ちするパイプに作り変えることができます。

当協会としては、ビル・マンション屋内外のあらゆる配管のライニング、排水管の洗浄といった施工を通して、お客さまの満足と笑顔につながる技術を今後も追求していきます。

施工実例

県庁庁舎

国会議員宿舎

研修施設

空港ターミナル

市営住宅

県営住宅

548戸マンション

580戸マンション

400戸マンション

432戸マンション

209戸マンション

252戸マンション

178戸マンション

186戸マンション

事務所ビル

会館

第2章

排水管の老朽化を防ぐ

◆〝水漏れ〟してからではもう遅い

前章で老朽化する配管の修繕工事の市場が拡大する可能性と、その背景についてお話ししました。第2章では具体的な配管工事のあれこれについて説明しましょう。

配管そのものや、工事に関する基礎的な知識も含まれるため、ご存じの読者もおられるでしょうが、幅広い方々に知ってほしいと思っているので、一から書いていきます。

「配管の寿命は、その建物と同じぐらいあるのでは？」

時々、そんな誤解をしている方がいます。もうおわかりのように、そんな配管はありえません。水道水だけが流れる給水管ならまだしも、腐食の元凶となる汚物・汚水が日々流れる過酷な条件に耐えている排水管に関しては絶対に無理です。

排水管は老朽化しないと考えているととんでもない事態に陥ります。

最悪なのは腐食した状態を放置した結果の〝水漏れ〟です。自分だけの被害ならまだしも、階下の住人など他者に被害を与えてしまうと、問題は深刻化します。漏れるのはきれいな水ではなく、他人の生活排水なのです。汚された部屋の住人にとっては、大事な居住空間と財産が損害を受けるということです。被害の規模によっては「臭いが抜けない」「壁紙が汚れた」と怒りも募ります。実際、わずかなシミが壁紙に付いただけでも「全体を替えてほしい」と要求されることも珍しくありません。

水漏れが階下に影響を及ぼす状態であれば、配管の大がかりな修繕が必要です。住民から管理会社へ連絡して、管理会社による調査が入り、施工会社に依頼して部分的に配管替えをする流れとなります。その際、部分的な作業だけではできない場合には、壁やコンクリートを壊すレベルの大がかりな工事にならざるを得ません。

当然、コストは数百万円単位となるでしょう。

◈排水管は老朽化し続けている

排水管が〝水漏れ〟を起こせば、困るのは住民だけではありません。とくにマンションの管理組合さんは、同じ住民で被害の当事者であるにもかかわらず、他の居住者からのクレームの嵐に見舞われてしまうでしょう。ところが、水漏れに関して建物の管理をしている管理組合さんもなかなか着手には至らないのです。なぜでしょうか？

管理組合さんが排水管の対応を遅らせる原因は大きくふたつあります。

ひとつは「目に見えないので、関心を持ちにくい」という理由です。給水に関しては自分の目の前に出てくる水として状態を日々確認できますが、排水の場合は流すのが基本なので、その行方は目に見えません。またメンテナンスとして定期洗浄をしていると「ちゃんと洗浄しているから大丈夫」という間違った認識を抱いてしまいます。洗浄を重ねる度に、洗浄作業そのものによって配管が薄くなる場合もあるからです。

ふたつ目は、「原因を発見しづらい」という点です。

水圧があるので、給水管は穴があいたら即、水が噴き出します。ところが、排水管の場合は厄介です。例えば、小さな穴があき、多少の水漏れがあったとしても、管の内側にある錆や野菜クズなどが詰まれば一旦は収まってしまいます。

その結果、居住者は「水漏れかと思ったけれど、どこかで水をこぼしただけかな」と錯覚してしまうのです。実際には、すでに水漏れは起きているため、毎日ダメージを蓄積する排水管は半年もすれば穴が大きく広がるのは避けられません。

当社でも、「水漏れしているようだけれど、どこからなのかを特定できなくて……」という相談を受けます。私からすれば「しっかり調査して、必ずその箇所を突き止めなければいけませんよ」とアドバイスをするのですが、管理組合さんは「本気で調査するのは大変ですから……」と及び腰になるケースが多いです。先述したように、一旦は水漏れが止まるので、つい放置してしまい、やがて大惨事に至ってしまいます。だからこそ、1回水漏れに関する苦情が出てきたら、うやむやにせず、とことん調査する必要があるのです。

なぜなら原因を突き止めても、そこからの工程も長いからです。マンションの管理組合さんなら、配管修繕の検討に入って合意を取り付け、施工が実現するまでに2年ほどはかかるでしょう。その期間を考えれば、今すぐに取りかかっても施工は2年後になります。忘れてはならないのは、その期間にも、排水管の老朽化は進んでいくということです。

近年、私たちが現場で排水管を検査した

マンションでは、排水管が壊れたら生活できない

際に、目を覆うばかりの惨状が広がっている場合も少なくありません。縦管はボロボロになり、1階の床下はパイプから漏れた下水でドロドロという状態を目にします。

くり返しますが、水漏れしてからでは遅いのです。

◆給水管よりも排水管が重要

ビル・マンションを人体にたとえれば、内部の配管は血管や内臓にあたります。生き物である人間が歳を取るのと同様、配管も歳を取るわけです。だからこそ、人間が健康診断で胃や腸の内部をカメラで検査するように、給水管と排水管も定期的にカメラ付き内視鏡を入れてチェックする必要があるのです。

ふだんは隠れている配管ですが、映像をひと目見れば老朽化の状態がわかります。

目につきやすい建物の外観に関しては外装の塗り直し、いわゆる「お化粧」に熱心でも内部まできれいにする意識が希薄な人が多いように思えます。

人体でいえば、循環器系統や内臓や血管にあたる給水管・排水管こそ建物の寿命を大きく左右する器官です。老朽化してボロボロになれば動脈硬化や梗塞を起こし、生命（建物）そのものを危険に陥れるのです。ビル・マンションの管理会社さんや、管理組合さんは建物を長く使い、資産を守るためにも、外側から見えない臓器（給水管・排水管）の健康管理、しっかりメンテナンスしておくべきです。

いつも私は「給水管よりも排水管を重視しましょう」と皆さんに話しています。

◆台所系の排水管は危険ゾーン

排水管は時間経過とともに腐食し、内側が薄くなってしまいます。

とくにビル・マンションの排水管で腐食しやすい場所は、台所系の排水管です。

意外に思われる方も多いのではないでしょうか。イメージでは、日常的に汚物や汚水が流れるトイレやお風呂につながる排水管が傷みやすいと思われるはずです。しかし、台所系の排水管の内側を流れる排水こそ恐るべき腐食の素だらけです。

日頃、シンクに流す液体を思い浮かべてみてください。洗剤、熱湯、あるいは塩分を含んだ熱いゆで汁、パイプが詰まった時に使われる薬剤など腐食の主な原因となる排水のオンパレードといえます。当然、毎日ダメージを受け続けた排水管はボロボロになってしまうのも当たり前なのです。

そのため、検査時にも台所系の排水管のチェックは一番気を付けています。一般的に台所は建物の隅に設置されていることが多く、縦管からの横引き管が長く続いています。その上室内では勾配が取れていないため、水が溜まりやすくなり、それもまた腐食しやすい一因になります。

また、最近の排水管が塩ビ管を使っているところが多いと話しましたが、古い建物の場合は本管とのジョイント部に鉄を使用しているケースが多く、腐食の温床となっています。

◆排水管の寿命は20年

トイレの排水管がきれいだ、と言うと驚く人は少なくありません。

何しろ毎日汚物と汚水しか流れないわけですから、きれいとは言い過ぎでは、と不思議な顔をされます。そこで私は「ゴム鉄砲を想像してみてください」と申し上げます。銃口からゴムの弾が勢いよく飛び出します。トイレのパイプはあの銃身と同

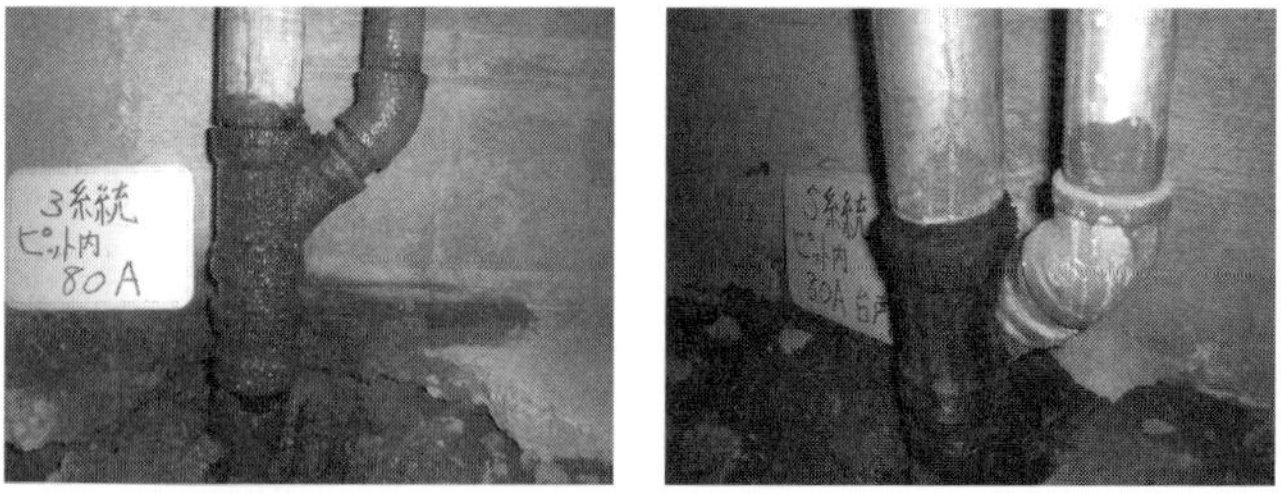

枝管分岐部で腐食が進行中。一刻も早く更生工事を行う必要がある

じだと考えるとわかりやすいでしょう。

たとえ汚物や汚水であっても、大量の水とトイレットペーパーによって勢いよくドーンと流してしまえば、まず詰まりはしません。もちろん、年月とともに内側が傷んでいくのは台所系の排水管と同じです。ましてやトイレの汚水管は、臭いが上がってこないように、常時ある程度の水が残っています。その水そのものが腐食条件となり、残った水の上にある空気中の酸素も入るし、ガスも発生するため、いくら便器の洗浄を欠かさなくてもパイプの腐食は避けられないのです。

「20年以上経った排水管からは水漏れが起きる」――これは決して大げさではありません。兆候を見逃さず、腐食が進む前に調査を依頼してください。

◆さまざまな負担が大きい「配管替え」

では、いよいよ老朽化した配管に対する修繕工事について解説します。

「修繕工事」にはいくつかの種類があり、また費用、工期、保証期間もさまざまなので、それぞれの特徴を知っておく必要があります。

大きく分けると、修繕工事は「配管替え」か「ライニング」のどちらかを選ぶことになるでしょう。一般的に「配管替え」は古くなったパイプを新しくするので「更新工事」、「ライニング」は古くなった管をそのまま利用し、元の性能に近い状態に修復するので「更生工事」と呼ばれています。

まず「配管替え」ですが、老朽化したり、問題が生じた排水管は、「新品に替えてしまえば確実だし、一番いいのではないか」と思われるかもしれません。しかし、配管替えには、以下の4つの問題が出てきます。

1. コストが高い
2. 工事が大がかりになる
3. 保証期間が短い
4. 結果的に更新をくり返す

配管替えの最大の問題点は、高額な工事費です。配管を取り替える以上、この問題は避けられません。1戸あたりで80~120万円が一般的な工費の目安になります。

高コストの傾向は今後も続き、むしろ深刻化していく可能性が高いです。人手不足もあり、工事にかかる人件費も上がっています。さらに昨今の値上げ問題は配管の材料費にまで及んでいます。そのため少なくとも、将来の工賃が今より上がると考えるほうが自然です。

次に、大規模な工事が必要なのも問題点です。

建物の中に組み込まれた排水管を入れ替えるのですから、天井を落としたり、床を剥がしたり、といった大がかりな工事にならざるを得ません。必然的に、住民の方は工事現場の中で1～2週間以上も暮らすことになります。

また、工事期間は作業するスタッフが居住スペースに出入りします。見知らぬ他人が自分の部屋に入るのを嫌がる方も多いでしょう。とくに女性やお年寄りのひとり暮らし、家族に病人がいる場合も含めて、1～2週間以上も自由に外出できないのでは住民の方のストレスも大きくなります。

それだけの負担を強いられて、ようやく配管替えが終わっても、新品の排水管に問題があった場合、保証してもらえる期間は一般的に2年以内です。それ以降は何か問題が生じても自費で賄わなければなりません。

しかも、15～20年が経過すれば、再び配管替えの時期がやってきて、多額な費用と大がかりな工事を我慢する必要があるのです。

さらにもうひとつ、現在の世の中の流れとして、更新工事には新たな問題点が生まれています。工事が大規模であり、古い配管を取り出すのですから、配管替えは大量の廃棄物を排出します。SDGsが叫ばれ、環境に負担のない技術が求められている時代だけに、CO_2削減の取り組みからも配管替えは選択肢から外すべきかもしれません。

◆従来の「塗布ライニング」は耐久性に難がある

「ライニング」とは老朽化した配管を修復して再利用する「更生工事」を指します。

配管工事における工法の比較

工法名	更新工事（配管替え）	更生工事
概要	配管そのものを新しいものに取り替えること。漏水など劣化がひどい場合に行う	古くなった管の中に新しいパイプをつくる工法
メリット	・耐久年数が長い ・漏水リスクは少なくなる ・劣化が抑えられる	・短期間で施工できる ・比較的費用が安い ・騒音が少ない ・配管を露出させる工事が不要
デメリット	・費用が高くつくことが多い ・工事日数がかかる ・配管を露出させる大がかりな工事になる ・騒音、振動などで迷惑がかかる場合がある	・老朽化が進んだ場合には対応できない ・施工後の寿命は10年程度のため、その後に更新工事が必要になる場合がある

長らく排水管のライニングには「塗布方式」が行われてきました。この工法は元々給水管の工事に使われていました。

配管の内部にライニング剤（エポキシ樹脂）を吹き付けて塗装する、つまり、配管の内側をコーティングする工法です。これであれば、配管替えである更新工事に比べて１回の施工は約３分の１の工費で済みます。

しかし、塗布方式のライニングは〝耐久性〟に難点があります。そもそも給水管に塗布して鉄錆の発生を抑えるのが目的だったため、ライニング層の厚さは０・３ミリ以上と定められてはいるものの、これはきれいな水道水の流れる給水管での基準であり、排水管では耐久性を維持できません。先述したように排水管の内側には塩分・洗剤・熱湯・油などの腐食の原因となる成分が毎日流れているからです。穴のあいてしまった排水管であれば、塗布ライニングでの修復も困難です。

また施工業者の技術レベルも一定ではありません。ライニング前の不十分なスケール（錆などの付着物）除去や、ライニング剤の塗り残しなど、施工不良によって配管の耐久性が下がるケースもあります。さらに耐久性を保つために最低でも10年ごとにライニングをくり返さなければなりません。

ちなみに排水管のメンテナンスとして定期洗浄をしているビル、マンションは増えてきました。貯水槽などと同様に衛生面からも、排水管は定期洗浄を行うことで維持管理していくのは良いことです。しかし、「高圧でジェット洗浄していれば排水管は安心」と考えるのは早計かもしれません。

じつは、価格が安い洗浄方法を使う業者には問題もあります。例えば、小型で能力の不足しているジェット洗浄機を使っている業者もいますし、技術レベルの足りていないスタッフが作業を行ったりしています。そのような業者に洗浄してもらっても、きれいになったはずの排水管内部にスケールが残ることがあります。場合によっては排水管の内側をステンレスのワイヤーブレードホースで傷つけてしまうこともあります。

長持ちさせるためのメンテナンス作業で、排水管の耐久性を下げてしまっては元も子もありません。

◆パイプ・イン・パイプという独自の発想

当社、株式会社P・C・Gテクニカの工法は、従来までの更新工事でも更生工事でもありません。次章で詳しく説明させていただきますが、私たちの工法はパイプの中にFRP

で新しくパイプを作るという独自のパイプ・イン・パイプ工法、「P・C・Gマルチライナー工法（FRPライニング）」なのです。「配管替え」に比べて、「P・C・Gマルチライナー工法（FRPライニング）」なら工事費用は約半分であり、1～2日の工期で済みます。しかも、塗布ライニングに比べて耐久性が高く、保証期間は20年です。

では、なぜ工期が短いか？　その理由は、技術と施工にあります。一般的なライニングは配管の内側にビニルエステル樹脂やエポキシ樹脂を構造物に塗布してパイプを更生しますが、当社ではエポキシ樹脂を含浸させたライナーを管内に張り付けることで耐久性に優れた繊維強化プラスチックのFRPを使います。いわば最強のライニング材を用いて古いパイプの中に新しいパイプを作ります。

「P・C・Gマルチライナー工法（FRPライニング）」は、共有管・専有管・室内管の更生に用いる技術です。共有管から枝管に分岐する部分、ここには「P・C・GFRPサポーター工法」というロボット技術を用い、これまでパイプ内だけの処理では不可能とされた分岐部分の錆やスケールを完全に除去してFRPライニングを行うことに成功しました。

また、従来FRPが完全に硬化するまでの待機時間が必要でした。完全に硬化していないＦＲＰ管には粘着性があり、内側に機材を入れると、機材が張り付いてしまうのです。私たちはＦＲＰを加熱することで硬化時間を劇的に短くする技術も発明しました。この施工法は、Ｐ・Ｃ・Ｇテクニカが開発した加熱プラントを用い、パイプ内側にライニング層を作りながら同時に温水を使って硬化させる技術です。これにより時間の短縮が可能になったのです。とくに寒冷地にあるビル・マンションでのＦＲＰライニングの作業時間短縮に抜群の効果を発揮しています。

パイプ・イン・パイプ概略図

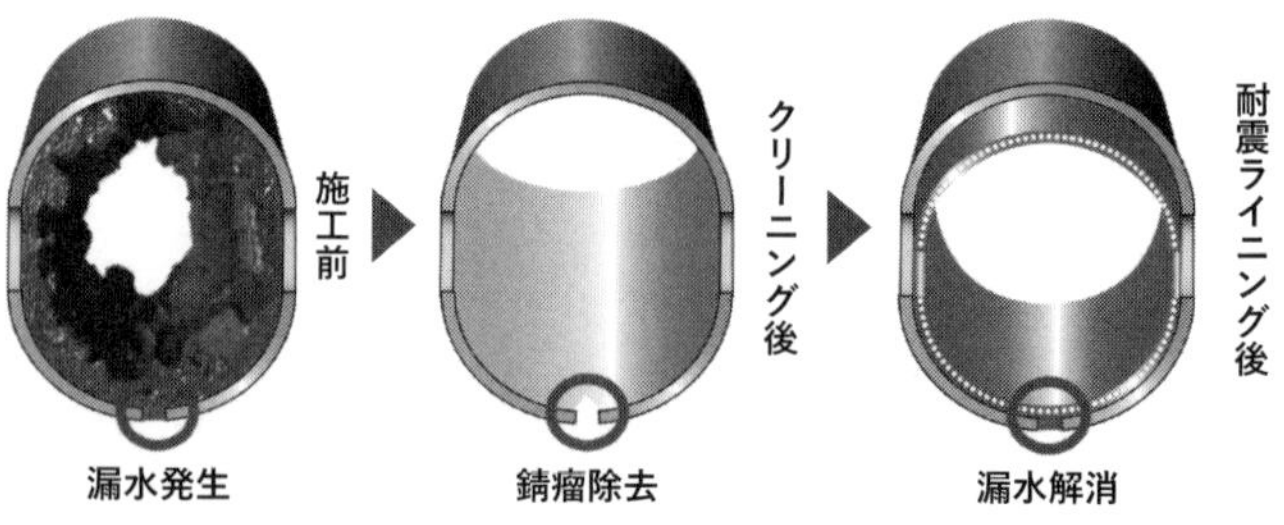

第3章

P・C・Gが発明した特許技術「第3の工法」

◆他の追随を許さないレベルの工法技術

第2章では「更新工事」と「更生工事」の違い、及びそれぞれのメリット・デメリット、また、当社の第3の工法と呼ぶ「P・C・Gマルチライナー工法（FRPライニング）」、「P・C・GFRPサポーター工法」についても簡単にお話ししました。

当社が業界ナンバーワンであり続けた明確な理由は、これら2つの工法だけではありません。給水管・排水管の更生工事に関して、P・C・Gテクニカならではの優れた5つの独自工法を持っていることです。

1．排水管更生の独自技術

⬇P・C・Gマルチライナー工法（FRPライニング）

2．排水本管、分岐部FRPライニングの独自技術

⬇P・C・GFRPサポーター工法（FRPライニング）

3．細い配管や分岐部のライニングの独自技術

⬇P・C・Gマルチライナー工法（FRPライニング）パラシュートライニング

4. 給水管・冷温水管ライニングの独自技術
➡P・C・GVacL（バックル）工法

5. 集合継手・排水本管ライニングの独自技術
➡P・C・GタービンZ更生工法（※審査証明申請中）

当社の工法は、審査証明申請中の「P・C・GタービンZ更生工法」以外、すべてが財団法人建築保全センターより「保全技術審査証明書」を得た審査証明工法になります。

4件の審査証明工法（排水管更生3件）の認定を得ているのは、当社以外にありません。P・C・Gテクニカでは技術審査証明を4件（さらに1件申請中）、特許12件、実用新案登録5件を取得しているのです。加えて、社団法人日本プラントメンテナンス協会からは、PM優秀製品賞である実効賞と開発賞を受賞しています。また、手前味噌で恐縮ですが、私自身が長年の国家資格者育成に対して厚生労働大臣から功労賞もいただきました。

ひとつひとつの工法に関しての詳しい内容は後述しますが、当社の誇るFRPライニングはクラックや穴のあいた老朽管も再生できる自慢の工法です。

◆お客さまの要望・配管の状況に合わせたライニング

ここまで到達するのは決して平坦な道のりではありませんでした。今でこそ胸を張って施工できる独自の工法の数々ですが、この形になるまでには、さまざまな試行錯誤がくり返されています。

60周年を迎えた当社ですが、チャレンジ精神を抱いて、とにかくライニングの技術に関しては、必ずナンバーワンになるという気持ちで取り組んできました。

一方で、お客さまの困りごとに対して、必ず解決したい、喜んでもらいたいという気持ちを忘れたことはありません。配管が古くなったからといって、むやみに取り替えするばかりでは、お客さまの負担は大き過ぎます。その上、長期的には建物にとっても寿命を延ばすことにはつながりません。だからといって、従来の工法では更生工事で建物を延命させるのは難しいのです。産業廃棄物も出したくはありません。

そこで、私は建物の寿命を延ばし、なおかつお客さまの要望に応えられるような工法を開発するために取り組んでまいりました。

長年この仕事に携わってきた私が、お客さまの配管改修工事に関する要望をまとめてみると、以下の7つほどに集約されます。

1　工事は静かにしてほしい
2　工事期間を短くしてほしい
3　保証期間を長くしてほしい
4　工事費用を少なくしてほしい
5　審査証明技術で施工してほしい
6　環境にやさしい工法で施工してほしい
7　「国土交通省改修マニュアル」に記載のエポキシ樹脂で施工してほしい

まず一般的に見ても1～4は必須項目といえる要望です。次の5～7となると、排水管の知識を身に付けられたお客さまからの要望になりますが、当社の工法なら、すべての要望をクリアすることができます。つまり、P・C・Gテクニカの技術は、「お客さまファースト」、「お客さまの立場から生まれた」ものなのです。

おかげさまで、ライニングに関する工法はひと通り揃えることができました。やはり、どんなに優れた工法であっても、たったひとつのやり方だけでは、すべての建物に対応できるものではありません。

建物に詳しくない人から見れば、どのマンションも基本的には同じ構造だろうと考えるかもしれませんが、内部にはいろいろな違いがあります。例えば、建築された年代であったり、配管の材料であったり、配管の分岐の仕方などでライニングを合わせていかなければなりません。単一の工法だけでは、十分なライニングができなかったり、コストが見合わなくなったりします。

そういった〝困難な物件〟に関して尻込みしてしまう同業者もいますが、当社は果敢にチャレンジをくり返してきました。古い建物は、内径の違う配管が複雑に組み合わされている場合が多いのです。現場に行ってみたら、パイプの作りが違うという場合でも、どういう形ならライニングできるか、お客さまのために何とかしようと必死で取り組んできて、時には新たな工法のヒントになったり、改善につながったりしたのです。

挑戦し続けた歴史が技術にも反映され、次の現場で新しい構造の建物に出会っても、以前に苦労した経験が活かされるということは何度もありました。

今や当社には自慢の工法が揃っています。

今後もビル・マンションの給水管・排水管に対して完璧に仕上げるために当社では、対象となる配管ごとに、一番合った方法を組み合わせて施工していくつもりです。

◆配管（パイプ）の中に強靭なパイプを作る「第3の工法」

ここからは具体的に当社のライニング工法の特長を解説していきます。

まず最大の特長であり、他工法と大きく違う点があります。当社の「ＦＲＰライニング」は、配管（パイプ）の内側に強靭なパイプをもうひとつ作るというパイプ・イン・パイプ工法ということです。

ＦＲＰとは、「繊維強化プラスチック」のことをいい、繊維と樹脂を用いることで、プラスチックの強度を著しく向上させたものです。この素材を使うことで、排水管の中に、新しく別の頑丈なパイプを作ってしまうのがＦＲＰライニングの特長です。

従来なら、古くなった配管を新しくするためには取り替えるのが主流でした。とくに穴のあいた配管は更新工事を勧められるのが一般的です。穴の大きさによっては、配管の内側をライニング材でコーティングする、いわゆる「塗布ライニング」でも対応できます。

配管の内側にエポキシ樹脂のライニング材を塗っていくのですが、30年ほど前から給水管の工法として使われています。給水管に塗布することで鉄錆の発生を抑えるのが目的のため、ライニング層の厚さは0・3ミリ以上に定められています。

ただし、排水管の場合の塗布ライニングは耐久性の低さが指摘されてきました。給水管ではきれいな水道水が流れるため、0・3ミリの厚さがあれば耐久性は維持できるのですが、同じ厚さのライニング層では、排水管の耐久性は維持できません。なぜなら塩分・洗剤・熱湯・油など排水管を流れる汚水にはさまざまな成分が水と一緒に流れているからです。とくに排水管内部に汚物がこびりついたまま時間が経過すると、腐食が進んで排水管は薄くなり、ひどくなればライニング層が剝離して、再び穴があいて水漏れを起こしてしまいます。

従って、穴があいた排水管への塗布ライニングは、言い方は悪いですが延命措置に過ぎないと言われています。

しかし、パイプの中にパイプを作る当社のFRPライニング工法であれば、耐久性に問題がありません。従来のライニング工法に比べて、耐久性が著しく高い上、丈夫で地震にも強いのです。「更生工事」として塗布ライニングと一括りにはしたくありません。

そこで、私は「第3の工法」と呼んでいます。これが「P・C・Gマルチライナー工法

（FRPライニング）」、「P・C・GFRPサポーター工法」なのです。

私の区分では「第1の工法」が従来の更新工事、配管の取り替え工事を指します。「第2の工法」が、先ほど説明した従来の更生工事、塗布ライニングです。当社においても「パラシュートライニング」「P・C・GVacL工法」に関しては、第2の工法の区分で問題ありません。

◆鉄の10倍硬い「スーパータフネスクロス」

前項で紹介したように、排水管のライニングには「パイプの内側に塗布する塗布式」と「パイプ・イン・パイプ」の2種類の工法があります。塗布ライニングの場合は傷みの激しい排水管には対応することができません。

しかし、この塗布方式のライニングが従来、長く行われてきたため、穴をふさいで補修したり、配管自体を補

「P・C・Gマルチライナー工法（FRPライニング）」概念図

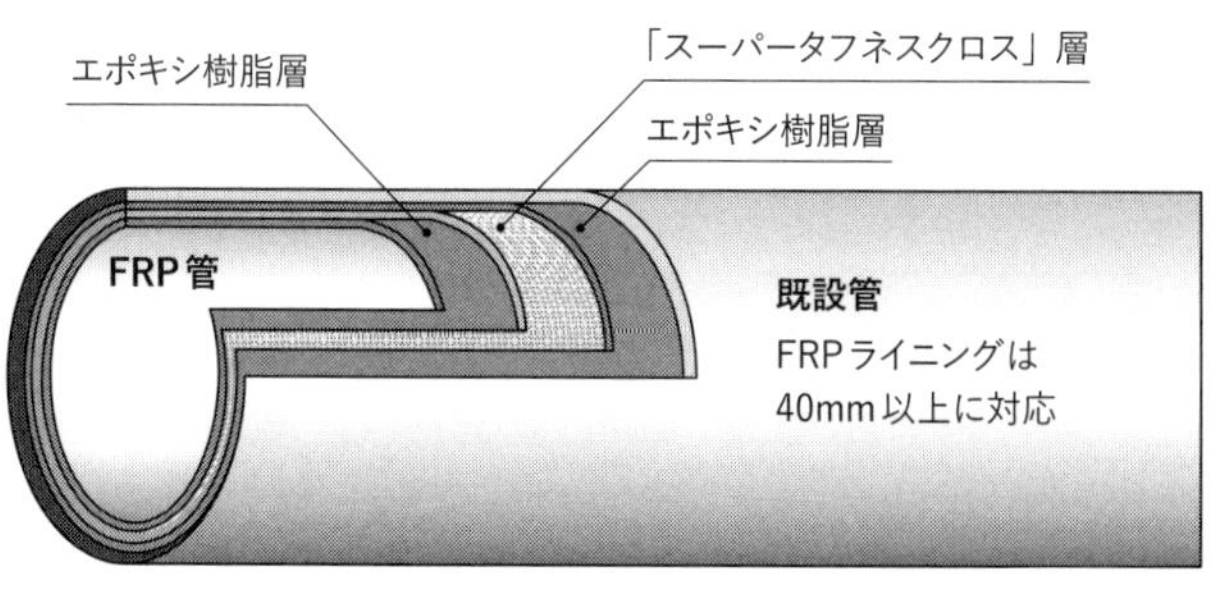

強することはできませんでした。この欠点を補い、さらには配管を修繕から強化するレベルにすることを可能にしたのが、当社のＦＲＰライニングになります。以前ならば、取り替えるしか手がなかったような穴があいた排水管であっても、排水管更生と耐震補強を同時に行えるのです。とくに地震多発国である日本のビル・マンションこそ、排水管修繕には当社のＦＲＰライニング（樹脂含浸繊維強化工法）が一番ふさわしいというわけです。

この効果は公的にも認められ、２０１０年2月にはＰ・Ｃ・Ｇ協会の「Ｐ・Ｃ・Ｇマルチライナー工法（ＦＲＰライニング）」が東京都住宅供給公社より指定工法として認定されました。認定された背景には、当社のＦＲＰライニングでなければ施工できないボロボロの排水管が市場に溢れつつあるということだと考えます。

ＦＲＰライニングは、今まで使っていた既存の排水管の内側に、強靭な素材でもうひとつのパイプを作る工法です。その原理は、ライナー材にエポキシ樹脂を含浸させて、既存のパイプの中にＦＲＰ管を形成していきます。繊維と樹脂を用いることで、従来のプラスチックの強度を著しく向上させているのです。この素材は水に濡れることが前提のモーターボートやバスタブ、貯水タンクなどに最も多く使われています。

では、このＦＲＰ管の素材について詳しく解説してみましょう。

芯材となるライナーこそがライニング層の命とも呼べますが、この素材は「スーパータフネスクロス」です。スーパータフネスクロスとは、Ｐ・Ｃ・Ｇテクニカが繊維メーカーと共同開発した、筋金入りのハイテク複合繊維です。一見、薄くて硬さを感じさせませんが、その頑丈さは驚異的なレベルです。官公庁における河川の橋梁、高速道路の耐震補強にも採用されている補強材と同じ素材です。

じつは、当社の素材とは違いますが、他社でもパイプ内に繊維と樹脂を含浸させたライナー（パイプ）を作る工法はあります。しかし、一般的なライナーはアクリル繊維が補強材として広く使われているため、このライナーではカッターの刃で簡単に切れてしまいます。

それに対して、「スーパータフネスクロス」はカッターの刃はものともしません。鉄の10倍、ガラスクロス入りライナーの5倍という強度を持っているからです。そのため、防刃チョッキの素材としても使用されています。この鉄より強いスーパータフネスクロスは耐久性でも革新的です。パイプの中で40年以上の耐久性があり、塗布ライニングと比較しても10倍以上の強度があります。

◆外側の配管が壊れてもFRPライナー管は機能を維持する

強靭な補強芯材である「スーパータフネスクロス」を使ったFRPライニングですが、それではどのようにパイプの中にパイプを作っていくか、という話です。工程を簡単に言うなら、スーパータフネスクロスを含浸させたライナーを管内に反転挿入し、内部より加圧しながら加熱し、硬化を促進させてFRP管を成形するという流れです。

配管内に挿入したライナーは反転しながら管内に押し出されていきます。配管の長さによって見合ったライナーを挿入するため、入り口から出口までの塗り残しはまったくありません。またライニングの厚みも均一になり、穴のあいているパイプであっても問題なく対応することができます。さらに、内部より圧力を用いて強固に張り付けるため、パイプ内面はツルツルできれいな仕上がりとなります。たとえ、複雑なパイプの異型部にも密度の高いライニング層を形成することが可能です。

パイプの内側への加熱は、温水ボイラーで作った温水を循環させ「温水硬化」させます。P・C・Gコートは硬化剤と主剤の2液でエポキシ樹脂を練ってあります。これを浸み込ませたライナーを管内に挿入するわけですが、この時、内部より加圧して発熱させながらＦＲＰ管を固め、成形へと導くのです。

もし外気温だけで硬化させる場合、ＦＲＰ管には「温度が高ければ高いほど早く固まって、仕上がりも強くなる」という性質があります。そうなると、真夏の作業であれば固まりやすく、冬なら遅くなるわけです。また沖縄と札幌など、地域の平均的な気温差によって固まる早さも違ってきます。そこで、日本全国に加盟店を持つＰ・Ｃ・Ｇ協会では、それらの気温差による固まる速度を調節するために、独自の「温水硬化」という技術を使っているのです。

これはＦＲＰ管に通した温水を循環させ、より早く硬化させる温度調節をするためです。早く固まるほど仕上がりも強くなるので、自然硬化に比べて温水硬化のほうが時間も短縮でき、強度も変わってきます。ちなみにＦＲＰ管には塗料が入っていますが、内側に強力な膜があるので温水を通しても混ざることはありません。

このような温度管理によって、夏でも冬でも地域を問わず、ライナーの強さに一定の基準を持たせることができるのです。

従って、塗布ライニングのパイプは人間の手で叩いただけで簡単に割れてしまう場合がありますが、スーパータフネスクロスを使用したFRP管はハンマーで強打してもひびひとつ入りません。当社において実施した圧力テストの結果では、1・5メガパスカルの圧力にも耐えることができました。ちなみに1パスカルは1平方メートル当たり100グラムの力が作用する時の圧力であり、1・5メガパスカルはその150万倍の圧力になります。

大地震によって万が一、外側の排水管本体がひび割れたとしても、残った内側のライニング層がしっかりとパイプを保持して機能を守ります。

芯材の強度試験の様子

◆複雑な枝管分岐部には特許取得のロボットが対応

当社の新しい工法や新技術について説明しましたが、よくお客さまから「どこからどういう発想で出てくるのですか？」と聞かれることがあります。別に当社は独自の研究所を持っているわけではありません。すべてはお客さまであったり、加盟店の「何とかならないだろうか」「こういうことを実現してほしい」という声に耳を傾け、それを解決するべく、長年の経験と知識を結集して進んできた結果と言えます。その意味では、ロボット技術もそのようなＰ・Ｃ・Ｇ協会の進化の歴史におけるひとつです。

そもそも給・排水管の施工は人の手を入れにくい場所での作業です。そのため、パイプが腐食してしまうと建物の床を引き剥がしたり、壁を壊したり、果てはパイプを途中から切り離すという工事が長らく行われてきました。とくに厄介なのは枝管の施工作業です。他社の反転工法であれば、枝管は切断が必要となり、壁に穴をあけたり、ハツリ工事などのいわゆる「付帯工事」が発生しました。

これらの問題に対処するために当社が開発したのは、ロボット施工です。

特許も取得しましたが、この技術を最初に使ったのは空調ダクトへの「Ｐ・Ｃ・Ｇダクリン工法」でした。それまで設置したままの検査が難しかった空調設備のダクト（管）の中に、専用のダクト検査ロボットを侵入させることにより、ダクト内部の隅々まで検査することができるようにした工法です。ダクト検査ロボットによって、カメラで目視しながら作業を行います。まるで医師が胃カメラを見ながら手術を行うように管内で精度の高い作業が確実にできるようになったのです。

工程は以下の通りです。

まず本管に通常のＦＲＰライニングを施します。この段階では枝管に手を触れず、いつもどおりに配管の中にパイプ・イン・パイプを作ります。次にパイプペッカー（穴あけ用ロボット）を挿入し、本管のライニングの際にふさいでしまった枝管分岐部のライニング層を管内部より削孔します。その後、あけた穴よりスネークライナー（枝管用のつば付きサポートライナー）を本管から枝管分岐部へ反転挿入し、枝管へのＦＲＰ施工を行います。

すべてが管内での作業となるため、当然ながら壁に穴をあける必要はなく、その他の建築付帯工事も発生しません。また工事を１日で済ませられるので、効率も格段に上がりました。余談ですが、ロボット技術導入は業界において先駆けであり、お披露目当時はＮＨＫ、及びＴＢＳのニュース特集などでも紹介してもらいました。

◆配管替えの約半分のコストで20年保証

当社が業界ナンバーワンの業績を上げている理由は、技術力だけではありません。リーズナブルな施工料金も選ばれる大きなポイントになっています。

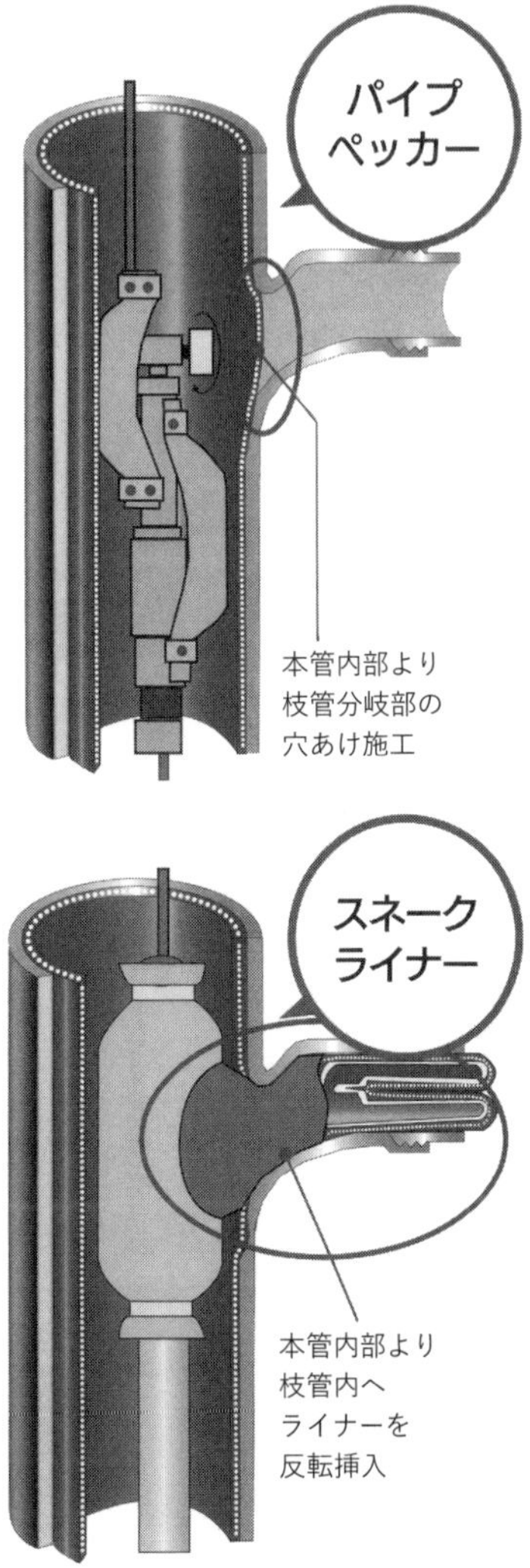

枝管部分も内部よりロボット施工でＦＲＰ仕上げ

一般的な配管替えの工事に比べて約半分のコストで施工が可能です。一般的な塗布ライニングと比べると、1回分の施工については当社の工法のほうが高くなります。しかし、先述したように、従来の塗布ライニングでは劣化した配管にそのままライニングをしているため、耐久性が低くなります。およそ10年が経過する間に配管の破損やライニングの剝がれ、漏水などのトラブルが起こりやすくなるでしょう。結果的に10年後には再度の施工の必要があります。

しかし、当社のライニング工法であれば、既存の配管の中に強靭な新しいパイプを作るため塗布ライニングとは耐久性が違います。当社では保証期間は20年です。しかし、耐用年数は40年と自負しています。しかも、かなり傷んだパ

配管替え工事とライニングの比較

工法名	P・C・Gライニング	配管替え工事
価格	配管替え工事の2分の1程度	1戸あたり約80～120万円
付帯工事	場所によって若干あり	あり（床、壁、天井、ハツリ等）
工期	主管1系統につき1日	内装復旧が必要なので長期になる
保証期間	20年（※年1回の定期洗浄と点検をした場合に限る）	とくになし
資産価値	変化なし	露出配管になった場合は低下する
廃棄物	ほとんどなし	廃材が大量に発生

イプでも施工は１日で済むため、住民の方々への負担も最小限に抑えられるのです。

◆「Ｐ・Ｃ・Ｇマルチライナー工法（ＦＲＰライニング）」と「Ｐ・Ｃ・ＧＦＲＰサポーター工法」

「Ｐ・Ｃ・Ｇマルチライナー工法（ＦＲＰライニング）」は、配管補強と耐震性の両面の機能を併せ持っています。その主な特長を挙げると以下の通りです。

・排水管の耐薬品性、耐震補強を飛躍的に高める
・穴のあいた既設管でも取り替えずに工事が可能
・ロボット施工により、大きな機械や大がかりな工事は不要
・工事は１日で終了（５階建ての１チーム標準施工の場合）
・工事費は配管替えの約２分の１
・工事後の劣化が少ない
・20年保証で長く使える

まず本管へのFRPライニングによって、今まで使っていた排水管の中に、強靭な素材でもうひとつのパイプを作ります。先述したようにライナー材にエポキシ樹脂を含浸させて、既存のパイプの中にFRP管を形成します。

一方、「P・C・GFRPサポーター工法」は、排水本管・分岐部のライニングを施工する技術で、前述したロボット施工がここで活躍します。本管から分岐部を抜けて枝管内に反転ライナーを施工するわけですが、その際、先にライニングを施した本管の枝管に通じる部分（FRPライニングでふさがれてしまった部分）の穴あけ作業が必要となります。それを当社開発の「パイプペッカー」と「スネークライナー」というロボット・マシンを遠隔操作し、枝管へ通じる部分の穴あけ作業をしていきます。

◆本管・枝管へのライニング作業工程

それでは、「P・C・Gマルチライナー工法（FRPライニング）」及び「P・C・GFRPサポーター工法」の作業工程をあらためて解説しましょう。

1. 縦本管の上下切断工事を行います。マンションのパイプスペースの中で縦に通っている排水管の本管を切断することで、機械やライナー材の挿入口を確保します。

2. 排水管下地処理を行います。超高圧ジェット洗浄を行った後、管内部にチェーンカッターという機械を入れます。カッターを回転させながら管内部の壁面にこびりついた錆や汚れ（スケール）を削り取るようにして取り除きます。

3. 専用の機械で、ハイテク繊維を編み込んだスーパータフネスクロスにエポキシ樹脂を含浸させます。

4. パイプ成型機に3で作ったスーパータフネスクロス材を装填します。

5. ここからライナーを加圧成型します。管内部にスーパータフネスクロスを圧力をかけながら反転挿入して、管内部の表面に張り付けていきます。

6. ライナー層を加熱し、硬化させます。ライナー層は温度が高いほど早く硬化するので、加熱プラントという専用の機械を使用します。適正な温度に調節した温水を管内部に送り込んでライナー層の硬化を促進します。

7. ライナー層の硬化を確認した後、パイプ成型機や加熱プラントを撤去します。

8. 枝管分岐部の削孔作業です。本管の内部にＦＲＰ層を成型したので、枝管の入口もすべてふさがれてしまっています。そこでパイプペッカーという専用のロボットを本管から挿入して、ＦＲＰ層でふさがれている枝管分岐部の入口を削孔します。つまり本管内部から枝管分岐部へと通じる穴をあけるわけです。分岐部から先の枝管については、後述するパラシュートライニングで対応します。

9. 枝管分岐部のＦＲＰ加工です。本管からスネークライナーという機材を挿入し、8であけた穴から枝管専用のつばが付いた帽子のような「つば付きクロス」を枝管の分岐部に反転挿入してライナー材を内面に張り付けます。張り付け後は、本管の作業と同様に圧力をかけて硬化させます。

10. 確認作業に移ります。本管内にカメラを挿入して、本管のライナー層と枝管分岐部のライナー層が無事に形成されているかを確認します。本管と分岐部の境目はとくに注視します。それぞれのライナー材が重なり合って一体化している必要があるからです。

11. 施工開始時に切断した本管の挿入口を元通りに接続します。接続できたら「通水検査」をします。実際に配管に水を流して、管全体に水漏れ箇所がないかを確認します。水漏れが見られず、ライニング材が正常に塗布されてＦＲＰ層が形成されていることを確認したら、作業は終了になります。

12. お客さまへ「作業終了」と「断水解除」の連絡を行います。

13．片付けと清掃を行い、スタッフの安全を確認した上で現場を撤収します。

いかがでしょうか。以上のような流れになります。

ＦＲＰライニングは40ミリから３００ミリの縦本管、横引き本管に対応しています。

一般的には、縦管に従来の反転ライニングを施すだけでは、枝管処理工程において穴あけ工事などの建築付帯工事が必要になっていました。しかし、Ｐ・Ｃ・Ｇマルチライナー工法であれば、複雑な枝管へのライニングでも壁に穴をあけることなくそのまま施工でき、排水管更生と耐震補強が同時に行えます。また、大型マンションなどの大規模な施工から複雑な配管形式まで、どんな物件であっても対応が可能です。しかも、どれほど傷んだ配管であっても施工日数は１日で十分であり、費用は配管替えの２分の１、しかも20年の保証付きでよみがえらせることができるのです。

なお、「Ｐ・Ｃ・ＧＦＲＰサポーター工法」による排水本管の分岐部ライニング施工は保証期間20年、マンションなどの枝管（専有部分）などのパラシュートライニング施工は保証期間10年です。

P・C・Gマルチライナー工法（FRPライニング）の施工工程

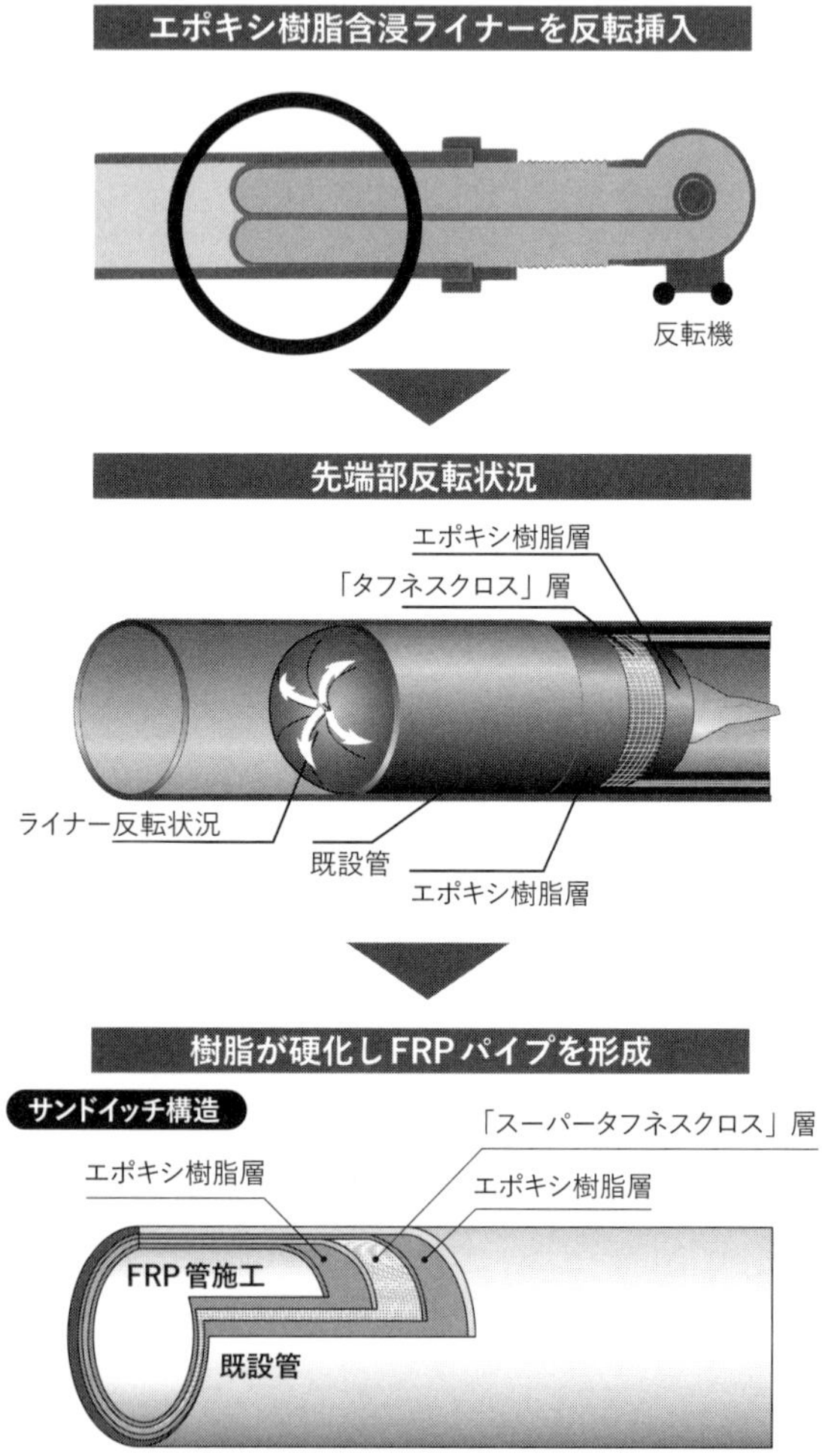
2重パイプで強度がアップ！

特許・FRP耐震ライニング排水管パイプ・イン・パイプ工程

縦本管上下切断工事	内部洗浄のため縦本管の上下部をカットします
排水管地下処理工程	超高圧旋回ジェット洗浄やサンド洗浄で、スケールや錆を取り除きます
タフネスクロスにライニング材充填	樹脂含浸機を用いライニング材を充填。その際、脱泡処理・厚み調整を行います
パイプ成型機にライナー装填	パイプ成型機にライナーを装填します。ここまでがパイプライニングの準備段階
ライナー加圧成型	ライナーを反転しながらパイプ内に挿入します（P・C・Gマルチライナー工法）
ライナー層加熱硬化	加熱プラントによりライナー層を加熱硬化させます
パイプ成型機加熱プラント撤去	縦本管のFRPライニングが完成。機材を撤去します
枝管分岐部削孔作業（管内よりロボット施工）	一旦ライニングされた枝管への穴あけを行います（パイプペッカーでの作業）
枝管分岐部 FRP 加工	本管内部より枝管内へライナー反転挿入（スネークライナーでの作業）
管内カメラ検査	管内が正しくライニングされているかをカメラを通して目視で確認します
配管接続・通水検査	実際に通水して漏れや異常がないかを最終確認。パイプ・イン・パイプの完成です

P・C・G FRPサポーター工法（枝管分岐部削孔作業・枝管分岐部FRP加工）

◆「Ｐ・Ｃ・Ｇマルチライナー工法（パラシュートライニング）」

Ｐ・Ｃ・Ｇマルチライナー工法の「パラシュートライニング」とは、給・排水管の主に横枝管の中にエポキシ樹脂を広げてライニングする工法を指します。

一般的に専有部分の排水管は、共有部分のものと比べると細く作られています。そのため、「ＦＲＰライニング」で使用するような分厚い素材では管の中を通すことができません。そこで誕生した工法が、この「パラシュートライニング」なのです。

「パラシュートライニング」は、配管内部にライニング材を注入した後、パラシュートの付いたライニングボールを投入し、回転しながら往復移動させてライナー層を貼り付ける方法です。この旋回の動きのくり返しによって管内部は真空状態になり、ライニング材を挿入した時にできた気泡の除去が可能になり、さらにライニングボールを往復二重塗装することで強固なライニング層を形成します。

パラシュートライニングとＦＲＰライニングを組み合わせればどんな複雑な配管であっても問題ありません。基本的にＦＲＰライニングだけでは施工が難しい排水管であってもパラシュートライニングのサポートによって施工可能になります。細い口径から太い口径

パラシュートライニングによる施工

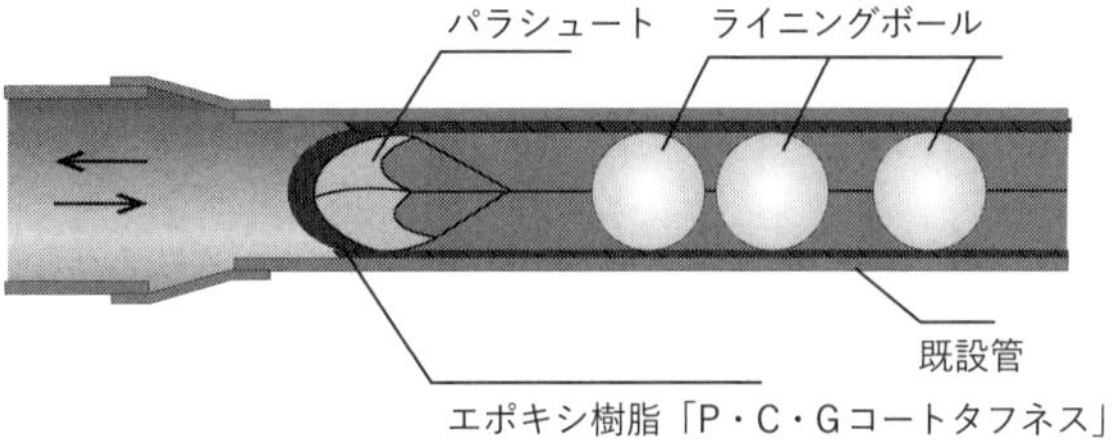

同径部はパラシュートとライニングボールで往復ライニング

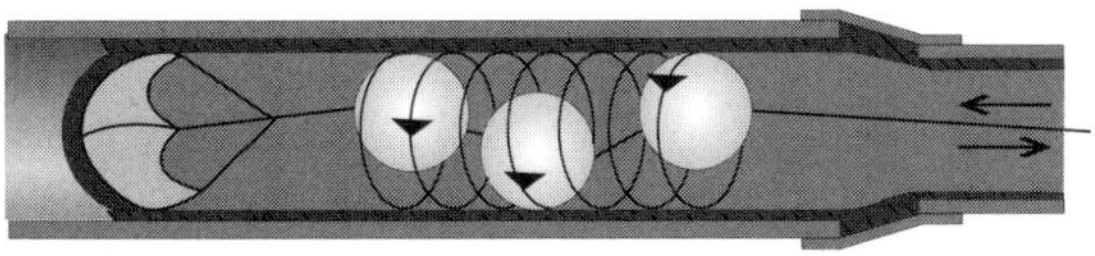

細管から太い管へ移動したライニングボールは
往復ライニングと回転ライニングで完璧に更生します

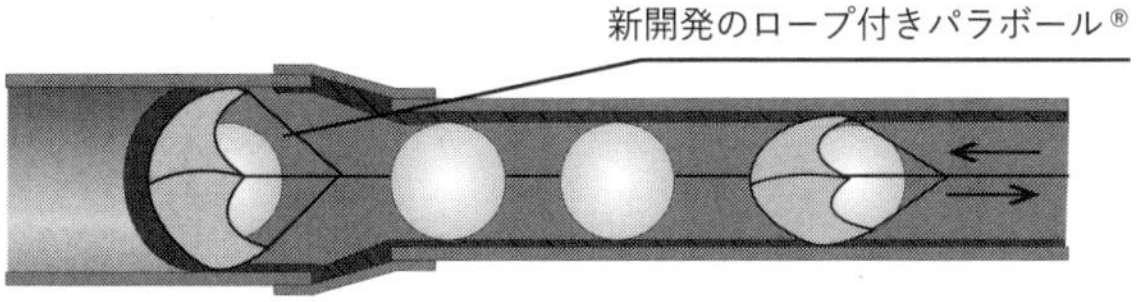

新開発のパラボールで完璧にライニング

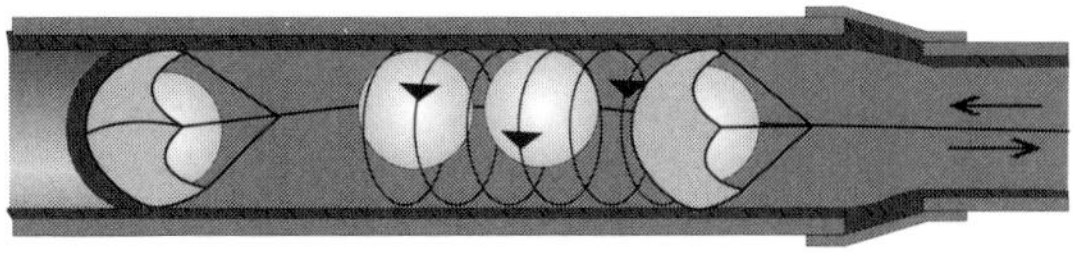

給水管更生と同様に往復ライニング

★パラシュートライニングはローラー塗りと同様に、粘度の高いエポキシ樹脂で厚みのある強固なライニング総仕上げが可能です。また、共有部、専有部の分岐部分も完璧にライニングすることができますのパイプまで、あるいは曲がったパイプ、極端に口径が違うパイプであってもパラシュートライニングは対象を選ばずに施工できます。とくに横向きになっている配管は、下半分の疲労が大きくなりがちなので、施工の際はその部分を重点的に行います。

さらにパラシュートライニングが効果を発揮するのは配管の「エルボ部分」（配管同士をつなぐL字型に曲げてあるL字継ぎ手部分）です。配管同士をつなぎ合わせているこの箇所には、とくに負荷がかかるのでダメージを受けやすくなっています。そのためパラシュートライニングを行う際には、このエルボ部分が肉厚になるようなライニングをしていきます。

つなぎ目を丁寧に施工するのは、枝分かれ管も同様になります。

◆「P・C・GVacL工法」

このパラシュートライニングの基礎技術となっているのが、「P・C・GVacL工法」です。これは給水管・冷温水管のライニングに対応する技術です。

P・C・GVacLマシンは、1台でサンドクリーニングからパイプライニングまで対応できる超真空万能管更生機であり、大風量ながら防音対策まで万全です。

Ｐ・Ｃ・GVacL工法と、コンプレッサー方式の工法比較

Ｐ・Ｃ・Ｇ協会比

Ｐ・Ｃ・GVacL工法
〈吸引式旋回サンド洗浄〉

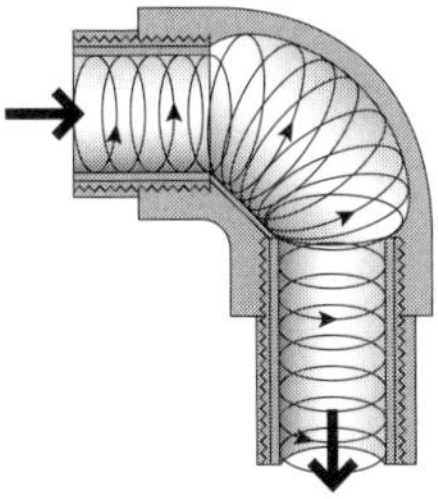

旋回気流によりエルボ部分や凹部の研磨も均等に行える。
従って、エルボや曲がり部に穴があくこともない。

コンプレッサー方式
〈圧送式サンド洗浄〉

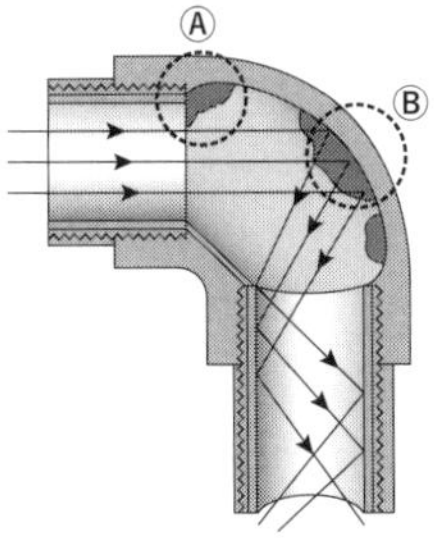

Ⓐ 一方向からのサンドブラストでは錆が取りきれない。
Ⓑ とくに曲がり部にサンドがあたりエルボに穴があく。

〈吸引旋回ライニング法〉

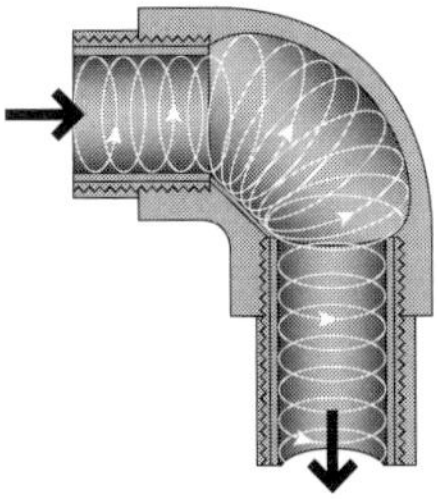

旋回気流によりエルボ部分や凹部の研磨も均等に行える。
※ピンホール対象（脱泡処理加工も万全）

〈圧送式エアーライニング法〉

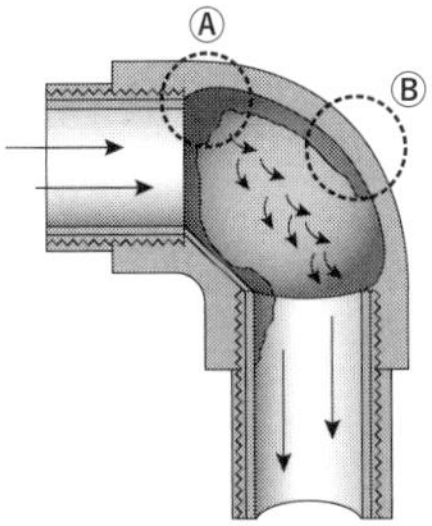

Ⓐ 継手部分は管の厚さ分だけ拡大しているので塗料がつきにくい。
Ⓑ とくに曲がり部分に空気があたりエルボ部分の塗料が薄くなる。
※ピンホールの発生、塗料の膨れ・剥離の発生

実際の洗浄に関して説明します。

一般的に行われている配管の洗浄は「コンプレッサー方式」と呼ばれる「圧送式サンド洗浄法」が多いです。しかし、この工法による一方向からのサンドブラストだけでは前ページの図中のⒶのような箇所の錆が取り切れません。また前ページの図中のⒷのような「エルボ」と呼ばれる箇所にサンドが集中的にあたり、穴があいてしまうリスクもあるのです。

この点を改良したのが「P・C・GVacL工法」の「吸引式旋回サンド洗浄」になります。吸引式の旋回気流によってエルボ部分や凹部であっても研磨を均等に行えるようにしました。言うまでもなく、エルボやそれ以外の曲がり部分に穴があくこともありません。

さらにコンプレッサー方式の場合、圧縮空気を送り出すわけですが、空気を圧縮する際にどうしても水分が溜まってしまいます。塗装する際に、その水分がパイプの中へ入ってしまい、塗料に少しでも空気が入り込めば、硬化熱によってピンホール（穴）になってしまうのです。ピンホールは塗料の膨れ、剝離が起きやすくなる原因となります。ピンホールが原因で10年後にはパイプがボロボロ、というケースも珍しくありません。

この問題もP・C・GVacL工法は解決しています。「吸引旋回ライニング法」であれば、旋回気流で強力に吸引することでパイプ内を真空状態にすることができます。これによって、ライニングの時に入った気泡であっても、脱泡処理加工でき、真空往復二重塗装で塗り残しやピンホールを防ぎ、旋回気流によってエルボや凹部の塗装も均等にできます。これにより赤い水や流量不足が半永久的に解消します。

「P・C・GVacL工法」は技術審査証明を取得しており、給水管更生技術として審査証明された工法です。

財団法人建築保全センターより認められた「保全技術審査証明書」とは、錆の除去技術、防錆塗膜を形成する塗装技術及び管理体制において

1. 管内面の錆や付着物の除去性能が高い
2. 管内面の防錆塗料の塗り残しがない

P・C・GVacL工法と、コンプレッサー方式の工法比較（P・C・G協会比）

P・C・GVacL工法
〈吸引式旋回サンド洗浄〉
旋回気流によりエルボ部分や凹部の研磨も均等に行える。従って、エルボや曲がり部に穴があくこともない
〈吸引旋回ライニング法〉
旋回気流によりエルボ部分や凹部の研磨も均等に行える ※ピンホール対策（脱泡処理加工も万全）

コンプレッサー方式
〈圧送式サンド洗浄〉
A　一方向からのサンドブラストでは錆が取り切れない B　とくに曲がり部にサンドがあたりエルボに穴があく
〈圧送式エアーライニング法〉
A　継手部分は管の厚さ分だけ拡大しているので塗料がつきにくい B　とくに曲がり部分に空気があたりエルボ部分の塗料が薄くなる ※ピンホールの発生、塗料の膨れ・剥離の発生

3．防錆塗料の仕上がりが平滑で、ピンホールや管閉塞がない
4．形成された防錆塗膜が水質に悪影響を与えない
という以上の4項目をクリアしていることを証明するものです。また、設備管理の普及と発展を目的とした公益社団法人日本プラントメンテナンス協会からも実績を認められ、PM優秀製品賞を受賞しています。

なお、「P・C・GVacL工法」による施工の保証期間は10年です。

◆「P・C・Gタービン Z 更生工法」（審査証明申請中）

近年の高層マンションなどでは集合管方式が増えています。これはキッチン・浴室・洗面所などの複数の排水管をまとめて単管にしている構造です。

更生工事を難しくしているのは、これらの集合管の本管と各住戸への枝管とをつなぐ集合継ぎ手部分に、内部からの水の逆流を防ぐ整流板が取り付けられているからです。この整流板があるために、従来の1方向のみに進むライニング工法では整流板の周辺の汚れ（スケール）除去とライニング塗布が困難だったのです。

しかし、「P・C・Gタービン Z 更生工法」は、左右どちらの回転も可能な2方向への正

Ｐ・Ｃ・ＧタービンＺノズル

〈ライニング工程〉

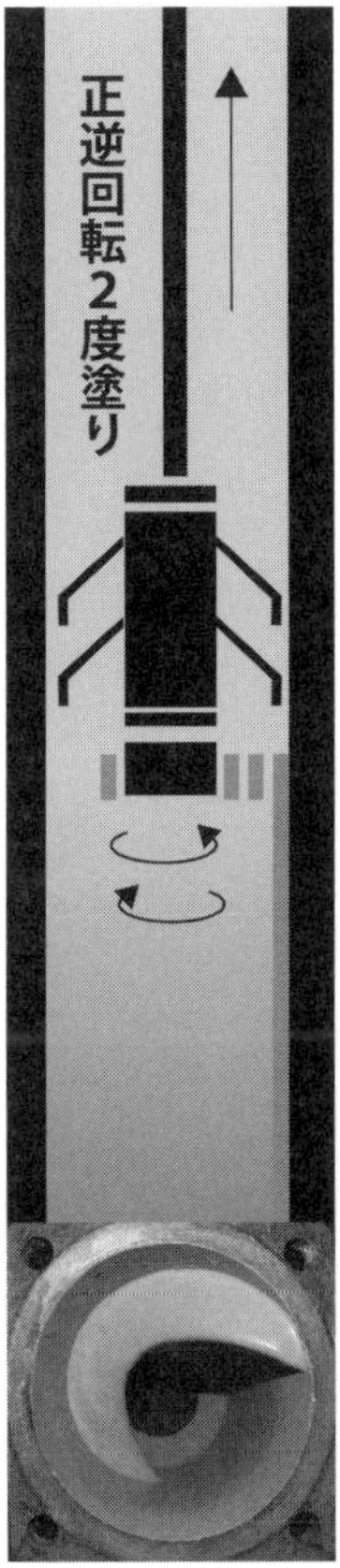

ライニング後

Ｐ・Ｃ・ＧタービンＺライニングノズルは実用新案技術です

〈クリーニング工程〉

集合継手施工前

クリーニング後

Ｐ・Ｃ・ＧタービンＺジェットノズルによる正逆回転２方向クリーニング

逆回転を実現しました。当社の開発した超高圧水とタービンジェットノズルを活用したことで可能になったのです。このため正逆回転の作用によって、整流板の裏側にある汚れも除去することができるようになりました。整流板付近まで含めて正逆回転クリーニングを下地処理として施し、さらにP・C・GタービンZノズルで、こちらも正逆回転に2度のライニングを行えるのです。もちろん、集合管の中の集合継ぎ手の羽根の部分も完璧にクリーニングし、ライニングも可能です。

すでにこれらの工法は、特許と実用新案登録を済ませていますが、さらに審査証明申請中です。なお、「P・C・GタービンZ更生工法」による施工の保証期間は10年です。

◆給水管洗浄も独自の方法で

昔はビル・マンションの受水槽や高架水槽には、鉄のタンクが使われていましたが、現在は多くが鉄錆の出にくいFRP素材のタンクに切り替わっています。それでも、水を長期間溜めていると、藻やヌルヌルした水アカが発生してしまいます。しかも、鉄のパイプを通ってきた水である以上、どうしても鉄の分子が混じり、時間経過とともに赤くなってしまうのは避けられません。そのため、受水槽や高架水槽は資格のある業者による年に1

回の洗浄が法律で義務付けられています。

しかし、それらの受水槽や高架水槽から各家庭の蛇口に至る配管、つまり、給水管には法律による洗浄の義務付けはありません。というのも、基本的には給水管内では水は流れているため、受水槽や高架水槽に比べると水の滞留時間が短いからです。

それでも、長い年月が経てば給水管内にも赤水や錆は発生します。その汚れを洗浄しようと、１９７５年頃から全国的に、給水管の白ガス管（ＳＧＰ製給水管）にライニング工事が施工されるようになり、やがて給水管はライニング鋼管が主流になっていきました。

ところが、新たな問題が出てきました。ライニング鋼管からも、出るはずがないと思われていた赤水や錆が発生するようになったのです。その原因はすぐに解明されました。ライニングの知識がある人ならわかることですが、多くの配管では継ぎ手部分の地肌が残っています。その金属の継ぎ手部分に年月とともに「錆コブ」ができてしまい、錆が流れ出ることでパイプ全体に錆がこびりついてしまうのです。これを「もらい錆」と私たちの業界では呼んでいますが、実際に錆びている箇所は継ぎ手部分だけなのです。

つまり、複雑な配管の継ぎ手部分にはライニングされていない白ガス管があり、そこに「錆コブ」ができ、パイプ全体にこびりつく「もらい錆」が発生してしまいます。赤水や錆を取り除くには、この錆コブや、もらい錆をきれいに取ることが一番の解決法です。

そこで、「オゾン殺菌洗浄法」が、ライニングされた「ライニング鋼管」と呼ばれる給水管を洗浄するのに有効な工法として注目されました。赤水や錆が出るようになったライニング鋼管をきれいにする以前には、樹脂管やステンレス管などの衛生維持を目的に行われていた施工法です。

元々、オゾン殺菌は原料が酸素であるという安全性が消費者に支持されていて、浄水場の水の殺菌から、医療器具、食品などの洗浄まで幅広く使われていました。ところが、通常のオゾン洗浄法だけでは十分ではなかったのです。オゾン洗浄は非常に強力な殺菌・滅菌力がありますが、オゾンは有機物に対してしか反応しないため、無機物の錆には効果がありません。オゾン洗浄をしても錆コブが残ってしまい、錆が流れ出すようになります。

その欠点を補うためにクエン酸や圧縮空気の併用などの方法も取られたのですが、やはり錆コブやもらい錆までは取れません。つまり、蛇口から赤水や錆のかけらが出る原因を残してしまうということです。給水管の寿命を短くする一因となります。

そもそも配管の洗浄は、ライニングと違って錆を落とすのが目的ではなく、配管の中の水アカ、ぬめりを取るのが目的でした。そのため、わかっていながらも対応が遅れてしま

Ｐ・Ｃ・Ｇテクニカが誇る「排水管更生」最新マシンの数々

った面もあるといえるでしょう。

当社は給水管洗浄においても「オゾンXJP工法」という画期的な技術を開発していま す。この工法は、これまでの主流であるオゾン殺菌洗浄に、さらなるひと工夫をプラスして確実に洗浄するものです。

当社の「オゾンXJP工法」は、オゾン水を通過させるだけでは完全に洗浄することは不可能とされていたライニング鋼管・ライニング施工管・塩ビ管などに対応しています。それらの管内に発生した、水アカ、スライム、錆コブなどの汚れを短時間に管壁を損傷させることなく完璧に洗浄と殺菌を行うことが可能です。

オゾン殺菌で洗浄をしながら物理的な方法で錆を押し出して取るため、管の内面の壁を損傷させずに洗浄、殺菌しながら、水アカ、錆コブ、もらい錆などをすべて取り除くことができます。貯水槽洗浄にも対応しています。

◆写真付きでわかりやすい施工報告書を作成

当社が施工した排水管更生工事に関しては、必ず報告書を作成します。

マンションの配管は、ひとつの建物に複数の系統がありますが、当社の報告書では1系統ごとに記録をまとめています。系統は、マンションの配管にある機器と弁などを線で結んでわかりやすく表した系統図として描かれます。

作成時に気を付けているのは、専門知識のない管理組合の方が見ても修繕状況がわかるようにすることです。そのため、それぞれの作業の段階における写真撮影と解説は欠かしません。作業箇所ごとに診断検査・施工前・施工後でどの部分に劣化や不具合があり、どのように修繕したかについて撮影と解説を付けています。

こうして作成した報告書は管理組合に1部、当社で1部保管しています。仮にマンションを人体にたとえるならば、この報告書は配管に関する〝カルテ〟になります。10年、あるいは20年の年月が過ぎ、理事さんが代わっても、その時の管理組合の皆さんが状況を把握してもらえるように備えているのです。

◆年に1度、高品質のメンテナンスで万全の対応

このようにいいこと尽くしに見える「Ｐ・Ｃ・Ｇマルチライナー工法（ＦＲＰライニング）」ですが、丈夫な排水管に更生して、パイプがきれいで頑丈に生まれ変わったからといって、その後のメンテナンスが不要というわけではありません。確かにＦＲＰ管であれば、

錆こそ出ませんが、毎日使っているのですから油や汚物、ゴミなどが少しずつ詰まっていきます。この点だけは他の工法と同様に定期的な洗浄が必要です。汚れを除去して、取り除かなければなりません。

ここで1年に1回の出費をなるべく安く抑えたい気持ちは理解できます。しかし、排水管洗浄の業者選びは慎重に行ってほしいのです。とくに見積もりの際、相場と比べてあまりに低い金額を提示してくる業者は要注意です。

一般的な排水管の洗浄には高圧ジェットを使用しますが、この機械は部品の劣化が激しいのです。そのため、低い金額で受注する業者は頻繁な部品交換をしてジェット洗浄機のコンディションを万全に整えられるのか疑問に思います。性能の落ちたジェット洗浄機を使用しても十分な効果は得られません。

そのためP・C・G協会では、「管理組合等と維持管理契約を結び、共用管は定期清掃を行い、20年保証、専有横引き管は10年保証」と決めています。維持管理契約を結ばない場合、他社の洗浄などによる破損は保証の対象外となります。

P・C・Gマルチライナー工法について知識のない業者が洗浄作業をすると、管をガリガリ削ってしまう場合があるからです。FRP管は丈夫ではありますが、洗浄機器を用いてのダメージは想定していないため、思わぬ事故が起きないとも限らないからです。

そこでＰ・Ｃ・Ｇ協会では信頼できる地元の企業における技術者の育成にも取り組んでいます。審査証明技術の規定に基づいて、Ｐ・Ｃ・Ｇ工法についての研修と教育を行っています。そういった協会指定の協会員さん、Ｐ・Ｃ・Ｇ協会本部が年1回の定期清掃を手がけるわけです。マンションの皆さんにとっても安心のはずです。

定期検査は、テレビカメラを通して洗浄作業するのですが、もしその時点で不具合や気になる部分が見つかれば、すぐにその場で補修します。実際には、施工後に何か問題が起きるということはほとんどないのですが、年に1回、定期検査をすることで20年という保証期間中、安心していただけると思います。

ここまで当社の工法の説明をしてきましたが、より理解を深めていただくために、お客さまや加盟店希望の方々から、よく寄せられるご質問とその回答をまとめておきます。参考にしてみてください。

Q１　配管替え工事より安く、しかも保証期間が長いのはなぜですか？

P・C・G工法は画期的な工法であり、施工後のFRP管の耐久性は他社の追随を許しません。そのためP・C・G協会では、共用管については定期清掃と維持管理契約を結んで20年の保証、専有横引き管については10年間の保証を付けています。

そこを踏まえて、総戸数50戸の新築マンションにおける40年間で、配管替えを行った場合、一般的なライニング工法の場合、さらにはP・C・Gマルチライナー工法で工事をした場合の工事費の比較をしてみましょう（なお工事費に関しては各工法の相場の金額とします。いずれも築15年目に最初の排水管の修繕の時期が来たと仮定します）。

まず配管替えから見てみましょう。築15年目で1回目の工事費が4000万円かかります。その25年後に2回目の配管替え工事が必要なので、また4000万円がかかります。40年間で総工事費は8000万円になります。

一般的なライニング工法の施工はどうでしょうか。15年目に1回目のライニング工法ですが、ここで1500万円がかかります。ところが、老朽化した配管を塗布ライニングで済ませても長持ちはしません。仮に10年経ったら更生工事では間に合わない可能性が高く、配管替えになれば4000万円の工事費になります。さらに40年目には2回目の配管替え工事が必要となり、さらに4000万円がかかります。ライニングの総工事費は9500万円と、最初から配管替えをした場合よりも高くなってしまいます。

では、新築から15年経つまで待たずに、10年目でライニング工事をしたらどうでしょうか。その場合は、20年目、30年目、そして40年目まで10年ごとにライニング工事を施さなければなりません。結果的に１５００万円の工事を４回ですから、合計で６０００万円になります。確かにこの金額なら、配管替えの40年間よりは安いですが、４回のライニング工事は住民への負担もかかります。

それでは、Ｐ・Ｃ・Ｇマルチライナー（ＦＲＰライニング）工法です。

１回の工事で２０００万円がかかります。配管替え工事の２分の１の金額ですが、一般的なライニング工事よりは高くなります。しかし、築15年目に１回の施工をした後、次にＦＲＰライニングが必要になるのは、それから40年後の築55年目になります。だから、40年間のスパンで見れば、Ｐ・Ｃ・Ｇマルチライナー（ＦＲＰライニング）工法はたった１回の工事で済むわけです。

つまり、40年間の総工事費は２０００万円です。配管替え工事や一般的なライニング工事に比べて割安なのは一目瞭然です。

ちなみに、なぜ２回目の工事が40年後なのかというと、当社は「20年保証」としていますが、実際の耐久性はその2倍あるからです。

じつは、当社のテストでは、本来FRP管の耐久年数を「40年間は問題なし」と評価しています。従って40年保証としたいところなのですが、審査機関から「御社以外の工法は10年ですし、あまりに差があり過ぎるのも……」と、要は業界への忖度というところでしょうか、20年保証としています。

Q2 P・C・GFRPライニングで付帯工事はありますか?

結論から言えば、当社のFRPライニング工事において、付帯工事はありません。それが当社の強みです。配管替えよりもかなり安い工事費用で施工でき、壁や床の付帯工事も必要ないので、住民の皆さんがふだん通りに生活する状態でライニングが可能なのです。

これが配管替えともなれば、床を剝がし、壁に穴をあけ、天井を解体し、ハツリなどの付帯工事が付き物です。

またこの業界ならではの「別途見積」に関しても注意が必要です。付帯工事のない当社の場合は、お客さまに提示する見積書に記載された見積金額がすべてですが、業者によっては必ずしもそうではありません。とくに見積書の下のほうに小さな字で「別途見積」と書いてあったなら、判断を誤ってはいけません。

じつは、「別途見積」に関して、業界で統一した基準がないのです。そのためにそれぞれの業者によって「別途見積」の幅が大きく違うのです。いくらライニング工事自体の工事費が安くても、「別途見積」に含まれる床や壁を壊して作り直すという付帯工事費用がはるかにそれを上回ってしまう場合さえあります。それでは安いコスト面で選んだことが無意味になるでしょう。

ちなみに当社では、どんな質問に対しても、すべて包み隠さず文書でお答えしています。

Q3　枝管の更生工事は難しいと聞きますが、P・C・Gではどう対応していますか？

55ページで紹介した当社独自の特許取得のロボット施工によって対応しています。

まずは排水管の本管にマルチライナー工法でFRPのライニング層を形成します。その後にパイプペッカーで管の内部よりFRP層に削孔を行います。その後、スネークライナーによって枝管専用のつば付きライナーを本管より挿入させて、枝管の内部にもFRP層を形成して仕上げます。

Q4 「技術審査証明書」について教えてください

排水管や給水管のライニングに関して、施工業者を選ぶ目安だと考えてください。業者の選択を単に「値段が安いから」だけで判断した場合、質が悪い業者にあたって後悔するかもしれません。そこで、専門知識がない方でも、わかりやすく業者の技術レベルがわかる基準が、「建築物等の保全技術審査証明書」を取得した工法を使っているかどうかです。

この証明書を発行しているのは国土交通省の外郭団体である一般財団法人建築保全センターです。民間の工事であれば、この証明書を取得していない工法でも可能ですが、官公庁の物件の場合、この証明書がなければ入札に参加できません。

厳しい審査を経て「技術審査証明書」を取得すれば、政府の発行するマニュアルや積算資料、及び建設物価に工法名、1メートルあたりの単価などが記載されます。公のお墨付きを得たので、設計事務所、地方自治体からの依頼も入ってくるのです。さらに、そこで仕事をうまく完遂すれば、この業者に頼むのは間違いないと引き合いも増えるわけです。ライニングに関して信用のバロメーターと言えるかもしれません。

くり返しになりますが、P・C・G協会ではこの審査証明をトリプル取得、特許も3件取得しています。ちなみに、いくつも審査証明を取得しているのは理由があります。施工する対象マンションの排水管の老朽度や敷設状況は多種多様だからです。そのため施工現場に合わせ、最適の工法を使い分けているのです。

また仮に根本的な工法が同じでも、使う材料が変わる場合は、発行される番号を変えて新たに証明書を取り直す必要もあります。まさに公の機関が交付する証明書だけに、厳密さを求められているのです。

Ｑ５　施工代理店になるための条件や審査はありますか？

まずは法人組織であることが条件になります。個人の方にやってみたいと言われても難しい面があるのです。ある程度の資金、技術、信用などを総合的に検討して、協会への加入をお願いしています。こちらも力をお貸しして、本格活動が始まってもいないのに「やはり辞めます」と言い出されたり、失敗されたりすれば、Ｐ・Ｃ・Ｇ協会の信用に傷が付いてしまいます。従って、慎重にならざるを得ません。

その上で、できれば同業に近い建設業、下水道などの洗浄関係、あるいは浄化槽関係の業者さんだとか、ビルのメンテナンス業者さんなどが望ましいところでしょう。もちろん、絶対条件ではありません。ただ地元ですでに下水道の更生工事や浄化槽の洗浄など同業に近いビジネスをされていて、基盤があって実績があるのなら、当社の信用と技術とを合わせることで相乗効果が生まれるはずです。

Q6 施工代理店になるための技術講習はどれくらいの期間が必要ですか?

約2週間です。その時々の状況によって人数は一定ではありませんが、10人前後までは1サイクルで行いたいと思っています。そのため、複数の違う会社の方々の合同で研修する形になることも多いです。

カリキュラムは基本的な学科と実習の両方を受けてもらいます。学科だけでも3、4日はかかります。また、技術的な実地研修も行います。日本全国の各地から来られるので、本部の周辺のホテルなどに宿泊して集中的に研修することになります。

当社のライニングはひとつの現場で5、6人編成のチームで施工を行います。そのため、少なくてもひとつの会社で最低2名以上は研修を受けてもらうようにしているのです。もし研修を受ける人が1人という場合、その人が辞めたらまた一からのスタートになってしまいます。従って協会員になるのであれば、最低2名での研修が必須になります。

平均的な現場は5、6人で1チームと言いましたが、慣れてくればそれより少ない人数でも問題なく回せます。古い代理店になれば熟練者が多くなります。そこまでくれば、その6人を半分ずつに分けて2班を編成して、新人を加えながら職場内訓練もできるでしょう。

またこれは、私からの希望なのですが、協会員になって初めての技術研修に関しては、なるべく〝経営者かそれに近い立場の方〟に学んでほしいと願っています。

やはり新規事業は、どんな会社であっても今日スタートして明日成功するわけにはいきません。会社ごとに人やお金、本業に関することなどでさまざまな課題があるはずです。そういう壁をクリアしていくには、経営に関わる方がライニング事業の中心にいれば、解決法を見出しやすくなるからです。

実際、経営者の方が研修して当社の工法やライニングを理解していると、軌道に乗るのが早いです。もちろん成功率は俄然高くなります。

Ｑ７　施工代理店になった後のアフターケアについて教えてください

Ｐ・Ｃ・Ｇ協会のサポートは万全を期しています。ライニングの対象の建物の構造は千差万別です。現場に到着してみたら技術講習だけで対応できない問題が発生した――。このような場面でも、現場から本部へ一報をもらえれば、リアルタイムでのサポートをする体制を整えています。

お客さまとの見積もりに関してもケアできます。場合によっては、打ち合わせの段階から本部のスタッフが加わって見積書の作成も指導します。スタッフが少なければ、本部から応援の形で派遣して、現場で指導するという連携もあります。とくに官公庁案件の場合は、見積書も独特であり、いろいろな資料を添えて、材料に関する所見なども記入しなければなりません。また、マンション管理組合さんなどへのプレゼンテーションでも、その都度、施工代理店さんと電話でのやり取りをし、説明会のサポートをするなどの対応をしています。

また、これはP・C・G協会の美点と自負しているのですが、同じエリアや近場の代理店さん同士の助け合いも盛んです。市場が小さく、限られたパイの取り合いをする業界なら、そのような余裕はなくなりますが、ライニングの市場は大きいため、代理店さん同士でお互いにカバーし合うのが珍しくありません。

スタッフを派遣し合ったり、大きな現場に助っ人に入ってもらったりすることで、若い現場スタッフの技術の研鑽にもなります。代々の施工代理店の皆さんが、先輩の施工代理店さんから仕事を紹介されたり、先輩の現場で指導を受けたりしてきています。新しい代理店から頼まれれば、指導することによって自分たちもさらなる学びとなり、スキルが上がる、完全にウィンウィンの関係です。この良き関係は、今後加入される代理店さんに対しても同じように続いていくでしょう。

Ｑ８　人口減少で排水管更生の市場は縮小するのではないですか？

いいえ、市場はますます拡大していきます。現在、国交省では取り替えではなく、既存の配管をリフォームして使うという考え方をとっています。

先述しましたが、古くなったマンションやビルの配管は、もはや塗布ライニングだけでは対応できません。とはいえ、配管替えは難しいのです。それこそ少子化で住民の方々が減っているため、修繕積立金も減っているからです。従って、ご紹介しているＰ・Ｃ・Ｇ協会の「第3の工法」のニーズは高まる一方なのです。

実際の現状は、当社への依頼があまりに多過ぎて、お待ちいただけるのならまだ良いのですが、お断りせざるを得ない状況になっています。首都圏や関西圏に関して、施工代理店は10や20増えても、まだまだ足りないぐらいです。それ以上の市場があるのです。

先日、某塗料メーカーの担当者の方が名古屋から東京に転勤されて挨拶に来られましたが、東京の莫大な市場に驚いていました。名古屋に比べて市場が2桁も3桁も違うという表現までしていました。

また当社のライニングを手がけると、さらに派生するメリットがあるのです。当社は20年保証を付けていますが、裏を返せば一度関係ができれば20年間はお客さまとつながりができるわけです。例えば、ライニングの際、代理店さんの社名を多くのマンション居住者が知るところとなり、居住区のリフォームなども頼まれたりするそうです。

ですから少子化という数字だけを見て、業界自体が斜陽産業のように考えるのは正しくありません。当社の工法は拡大の一途を続けています。ぜひ、新しい方も安心して入ってきてほしいです。

第4章 全国に広がるP・C・Gのネットワーク

◆捌ききれないほどの仕事がある

P・C・G協会に加盟してくれる会社を大々的に募集しています。排水管のライニング市場が非常に大きくなっているため、現在の体制だけではとても手が回らないのです。フル回転してもやりきれないほどの仕事量があります。

まだ、P・C・G協会の施工代理店に対してイメージが湧かない人も多いでしょう。オリジナルの工法で特殊な仕事をしているので、自分ができるかどうか迷っている人もいると思います。そこで、この章では実際に施工代理店として稼働している方々の生の声を紹介したいと考えました。

日本全国8社の代表の方々にご登場をいただいています。加入期間はそれぞれですが、P・C・G工法で全国の排水管更生事業を行っている大切な仲間です。

振り返れば2001年にP・C・G協会を設立し、自信のある工法を開発できた私は、全国に仲間を増やしたいとあちらこちらに声をかけました。この会社さんなら、と思うところにダイレクトメールを送ってお誘いしたのです。今回登場していただいた代理店さんには、当時からのお付き合いの方も何人もおられます。

あれから二十数年が経過し、ありがたいことに当協会の名前も、工法の名前も認知されてきました。ライニング業界では13年間トップを維持しています。仕事は抱えきれないほどありますので、大々的に代理店を募集してこの輪を広げたいのです。

技術講習、その後のサポートまで当社は充実しています。また、施工代理店さんの証言にもありますが、Ｐ・Ｃ・Ｇグループは横のネットワークの強さも自慢です。同じエリア、あるいは近隣の先輩代理店が相談に乗ったり、時にはチームにスタッフを入れて技術を指導してくれたり、逆に応援に駆けつけてくれたりとチームワークがいいのです。

理由のひとつは、仕事の取り合いがないことです。一般的には、同じエリアに代理店が増えることは、仕事が減るイメージを抱き、嫌がるケースが多いと思います。ところが、当グループの仕事はそんな小さなパイではありません。全国のライニング市場は拡大の一途です。皆で分け合ってもまだまだ余るほどあります。

実際、当社の関わる仕事だけでも向こう3年間のスケジュールがビッシリと埋まっています。どうか安心して加入してください。そのためにも、まずは施工代理店の皆さまの実体験を紹介しましょう。

神奈川県横浜市

株式会社カンパイ

P・C・G協会員で潰れた会社はひとつもありません。おかげさまで当社は15期連続で増収を続けています。

代表取締役
桑原正幸

当社は２００９年４月の創業と共にＰ・Ｃ・Ｇ協会の施工代理店に加盟しています。設立以来、毎年売り上げは伸びてきており、これまで赤字決算は１期もありません。15期目となる昨年度は、ついに売り上げ10億円を達成しました。わずか３名だった社員も45名を数えるまでに大きくなりました。それもＰ・Ｃ・Ｇ協会に加盟していたからこそでしょう。

Ｐ・Ｃ・Ｇ工法には独立する前から携わり、今後の事業の核となる技術だと認識していました。というのも、我が国にある無数のビルやマンションは、築年数からみても定期的なメンテナンスだけではもはや対処できない、大規模な改修工事が必要となることがわかっていたからです。

今後ますます需要が高まっていく分野において、P・C・G工法を中心とした確かな技術力を持つことは、当社の主力業務になると確信したのです。

創業時からスタートダッシュ

社名の『カンパイ』は配管の問題や改修に取り組む会社なので、配管工事のパイオニアを目指す意味で、管のパイオニアを略して〝カンパイ〟と名付けています。

創業当時、まだ社会的にも信用のない私たちに対して、P・C・Gの藤井金藏社長（当時）からは車両や機材のリース、営業面でも全面的なバックアップを受けました。とくに営業面ではさまざまな形で協力してもらっています。

排水管のライニングは大きな工事なので、創業まもない当社を元請けとして直接仕事をくれるお客さまは稀です。そこで、我々が営業活動をして発注してもらえそうな段階で、P・C・G協会に元請けとして受けてもらった上で当社が受注したこともありました。おかげさまで当社はスタートダッシュを切ることができました。

他工法の1週間がたった1日で

施工の実績を重ねる度にP・C・Gのライニングの素晴らしさを実感します。

そのひとつは、工事日数の驚異的な短さです。配管の更新工事であれば、住民の方に1週間ぐらいの在宅をお願いしなければならないケースもあります。それゆえに長期滞在がネックとなり、管理組合さんの話し合いでまとまらず、なかなか排水管の工事に踏み切れないマンションも少なくありません。しかし、P・C・Gのライニングであれば1日もしくは2日の作業で終了します。

更新工事が進まなかった建物であっても、ライニングであれば短い期間で更生工事をすることができるので、住民の方々に感謝されることが多いのです。

これからの時代は、やはりP・C・Gのライニングが主流になってくると、創業前から確信していたのはそのような経験からです。

数多くの建物を施工してきましたが、今でも忘れられない物件は、築40年近い14階建ての商業ビルの現場です。金融機関の建物のため、中間階への入室が一切できないという条件がありました。

商業ビルの場合、全フロアに入っているテナントが同じ会社であれば作業の際の話し合いがしやすいのですが、複数の会社が入居していると、工事のスケジュールに関する調整をするだけでもひと苦労です。その上、雨水管の改修工事をしなければなりません。屋上に降った雨水を地上の下水管まで流す役割の配管です。

これも厄介な条件でした。例えば、雑排水管や、台所用給湯設備の配管、あるいはトイレの配管であれば、エレベーター周りの共用部分などに配管が設置されているケースが多いので、工事はしやすくなります。しかし、雨水管は建物の四隅、もしくは端に配管が通っているため、各テナントの部屋の奥のほうに設置されていました。金融機関なので、部屋の奥のほうには金庫が置いてあったり、役員室だったりと重要なエリアになっています。

更新工事であれば、そのエリアにスタッフが入って作業をする必要があるのですが、なかなか工事の日程が決まりませんでした。その時は、漏水していているのに何も手当てができず、お客さまも困っているという状況でした。

そこで、当社のP・C・GFRPサポーター工法が選ばれました。困難な条件をクリアして、地下から14階の屋上までの雨水管をそれぞれの室内に入ることなく、直すことができました。施工距離は長く、50メートル近い雨水管のライニングをするのは大変な作業でした。それだけの工程を1日でやりきり、大いに感謝されたことは忘れられません。

この例に限らず、当社は雨水管のライニングの実績は多いです。

P・C・G協会の工法は更新工事に比べて付帯工事が少なく、金額が安いところももちろんのこと、付帯物の解体工事も最小限で済むため、廃棄物の処分も少なく、建築副産物の発生の抑制にも貢献しています。

特殊な工法だからライバルが少ない

当社はP・C・G協会の工法で育った会社なので、なおさら感じるのかもしれませんが、特殊工事ゆえに受注が安定しており、ライバルが少ない中で事業ができる魅力があります。今や困ったお客さまが当社の工法を探してアプローチしてきてくれます。

新しく代理店になる会社がライニングの事業を持つことは、会社のブランディングとしても相乗効果があると思います。

しかしながら、特殊な器具や材料を多く使用するため、すべての従業員にとって初めての作業となり、技術の習得には時間がかかります。経験が求められる作業もたくさんあるので、多くの現場を経験するベテラン社員の力がとても重要になってくると思います。

左：2021年6月、本社ビル移転
右：2024年2月、バイオトイレ製造工場完成

2023年度社員研修旅行
中野うどん学校（香川県）にてうどん作り体験

成功は責任ある人間の覚悟で決まる

協会をやめていった会社さんも私は見てきています。そういった会社さんは全部がダメだったわけではなく、むしろ本業のほうではすごくしっかりした技術力や実績を持っていました。

それでもやめていく会社さんと、残る会社さんの違いを私なりに考えてみると、社内の責任ある立場の人間がどれだけ本気で取り組んだかという点ではないかと思います。P・C・G協会の研修でも、若い人だけを行かせるのではなく、代表者、もしくは代表者の片腕的な存在の人間が参加して仕事を覚えるぐらいの真剣さが必要です。研修を終えた後でも、他の先輩代理店の現場を回って、仕事を教えてもらう熱意がある会社さんはちゃんと生き残って、自社だけでも1班は必ず動くようになります。

あとは屋内でお客さまの住居空間での作業になるので、養生の作業や、笑顔でのコミュニケーションができるかどうかなども重要です。

ライニング工事がそれなりに大変だと思う点は、作業がスタートしたら終了するまでは現場から離れられないことです。例えば、新築現場などはその日に終わらせたい工程を組んでいても、途中でやめる場合もあります。翌日以降に増員して作業をすれば間に合うというような調整が可能です。しかし、配管の工事、とくにこのライニング工事は、住居に人がいる建物で生活に必要な部分への作業を行うのです。当然ながら後日に回すことなどできません。現場で一旦着手すれば、その日のうちに終わらせなければならないのです。これはプレッシャーのかかる作業です。ストレートに言えば、簡単な仕事ではありません。技術の習得や資機材が揃うまでには時間がかかると思います。しかし、難しいからこそ、習得した時には安定した仕事やしっかりとした利益が間違いなく得られます。

皆さん、ぜひ一緒に本気で更生工事をやりませんか？　経営者であるあなたと、社員の皆さんのために、ぜひ盤石な経営の柱を築いてください。

PROFILE

社　名	株式会社カンパイ
所在地	神奈川県横浜市神奈川区三枚町248-6
設　立	2009年4月
事業内容	P・C・G給排水管更生工事（FRPライニング、パラシュートライニング）、直結直圧・増圧ポンプ交換工事、点検・清掃事業、非破壊検査事業、防災事業、太陽光発電事業など6つの事業
P・C・G協会加盟年	2009年4月

広島県福山市

株式会社P・C・Gビルテック

更生工事というよりも
これは“更新工事”に近い工法です。
お客さまのご負担も最小限。
市場は限りなく拡大していきます。

代表取締役
田辺健司

当社の社名に冠する「P・C・G」は、私が尊敬する藤井金藏会長にお願いして頂戴しました。当社は私の父が1964年3月に創業して以降、貯水槽の清掃や給排水管の洗浄、福山市の下水道の清掃・維持管理などの事業を手がけてきました。

しかし近年、貯水槽や排水管の清掃ビジネスは業者が増加した結果、低価格競争になってしまい、この事業だけに頼っていては、いずれ先細りになると危惧しました。私は経営者として〝現状維持の苦労〟よりも〝未来に対する苦労〟を選ぶことを考えるようにしています。

売り上げが加盟前の５倍に！

そこで新事業として選択肢に挙がったのがライニングです。

当時、当社が保有していた貯水槽・排水管清掃のための車両や機材などは、ある程度はライニング作業でも使用できるだろうと考えていました。

まったく別の業界で事業を始めるのであれば、設備面での大きな初期投資が必要ですが、ライニング事業であれば、そこまでの資金はかからないのではないかという楽観的な考えがあったのです。

そこでＰ・Ｃ・Ｇ協会へ連絡を取ると、藤井金藏社長（当時）が広島の当社オフィスまで足を運んでくださいました。

実際に藤井社長とお話しする中で、その熱意に打たれ、先を見据えた考えも伝わってきました。そこで、実際に仕事があるのかを慎重に判断するために、まず「営業会員」（施工はせず、営業活動のみの会員。現在は廃止）から始めることにしたのです。

当社の営業エリア内に本当に需要はあるのか、確認してからではないとやはり次に進むことはできません。新事業をスタートする以上、石橋を叩いて渡る気持ちです。

ところが、思っていたよりも短期間で多くの発注が取れたのです。数カ月後には本会員として加盟することにしました。

あの時、決断して良かったと思っています。おかげさまで加盟後は、既存の貯水槽や排水管の清掃事業をしていた時の5倍の売り上げになりました。

実践の積み重ねで技術を習得

現在は、貯水槽・排水管の清掃などのビジネスは協力業者さんに振り替えて、当社はライニング事業のみに移行している最中です。

とはいえ、必ずしも順風満帆だったわけではありません。新技術に向き合うスタッフにはさまざまな苦労があったと思います。当社は清掃事業をしていましたが、施工する場所が同じ給排水管というだけで、作業内容はまるで違います。P・C・G協会の研修を受け、実習も積みますが、あくまでそれらは予行演習なのです。実際の現場には居住者の方がおられますし、さまざまな制約があります。常にプレッシャーを感じながら作業に取り組み、実績を積み重ねてきたのです。

更新じゃなければ無理といわれた工事を受注

当社は広島県に本社があるので中国・四国が営業エリアですが、近距離にある福岡にも営業を展開したのです。すると、他県からもマンション管理組合、管理会社などから興味を持っていただき、九州全域で発注いただけるようになりました。

そのような中で印象的なエピソードがあります。営業活動の一環で私がポスティングをして回っている時に、あるマンションで管理組合の理事長さんと遭遇しました。「それはライニングか」と尋ねられたので「そうです」と答えると、「ライニングなんて排水管に穴があいとったりしたらできんだろ」と言われたのです。

私は「もちろんできないケースもありますが、できる場合もあります」と説明しました。すると「でも今うちが世話になっている業者さんからは、更生工事はできないから取り替え工事にしてほしいと言われておるよ」という返事でした。

私は「もしよろしければ図面を詳しく見せていただけますか?」とお願いしたのです。図面を確認した結果、当社のライニングなら十分施工可能でした。管理組合の皆さまには説明会を設けていただき、見積もりをお出しして、商談を進めていきました。

実際、当社の見積もりは、他業者から提示されていた更新工事の工賃の半額近い金額でした。もちろん、穴があいた排水管でも問題なく、中に新たなパイプを作ることで再生できました。理事長さんをはじめ管理組合の皆さまには本当に喜んでいただきました。

ライバルは「更新工事」

ラインニングを更生工事で括って横並びにされますが、むしろ私は「更新工事」のほうをライバルと捉えています。排水管の取り替え工事との競争になった場合、お客さまには「この見積もりを更新工事と比べてください」と説明します。

排水管の中に新しいパイプを作るのは、更新工事寄りの施工です。ですから他工法のライニング、更生工事とではなく、更新工事と比べてどちらがお客さまにとって有利か否かについて考えてもらう営業をしているのです。

P・C・Gのライニングは更新工事に近いにもかかわらず、壁に穴をあけたり、床を剝いだりするなどの付随工事がありません。その分、工賃も安くなります。私は、ライニングも更新工事も材料費に関してはそれほどの差はないと思っています。決定的に違うのは、施工日数の差が大きいことです。

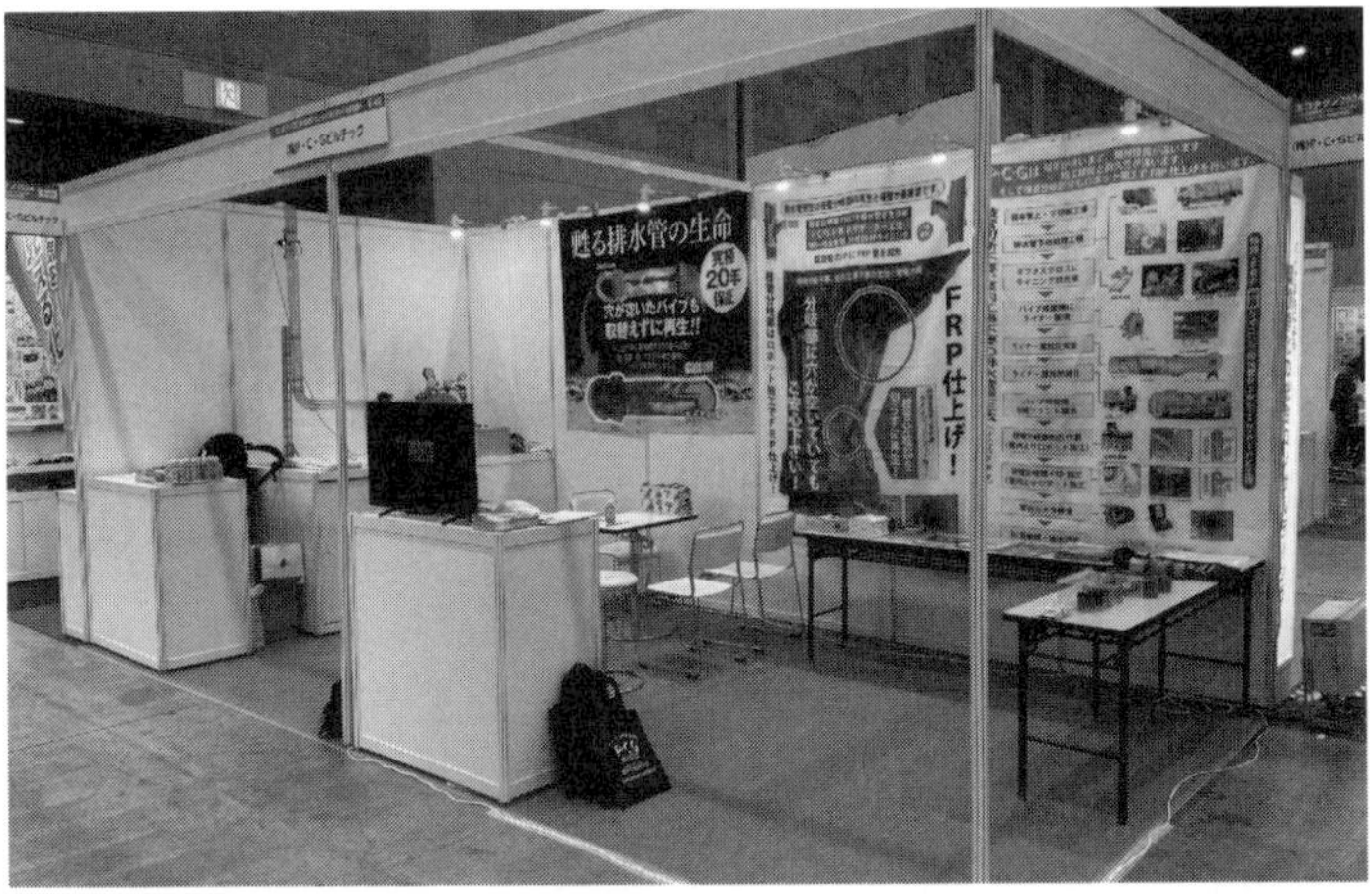

東京・名古屋・大阪など主要都市での展示会はＰ・Ｃ・Ｇ協会に行っていただけるので、弊社としては地方での展示会に出展し営業活動を精力的に行っています

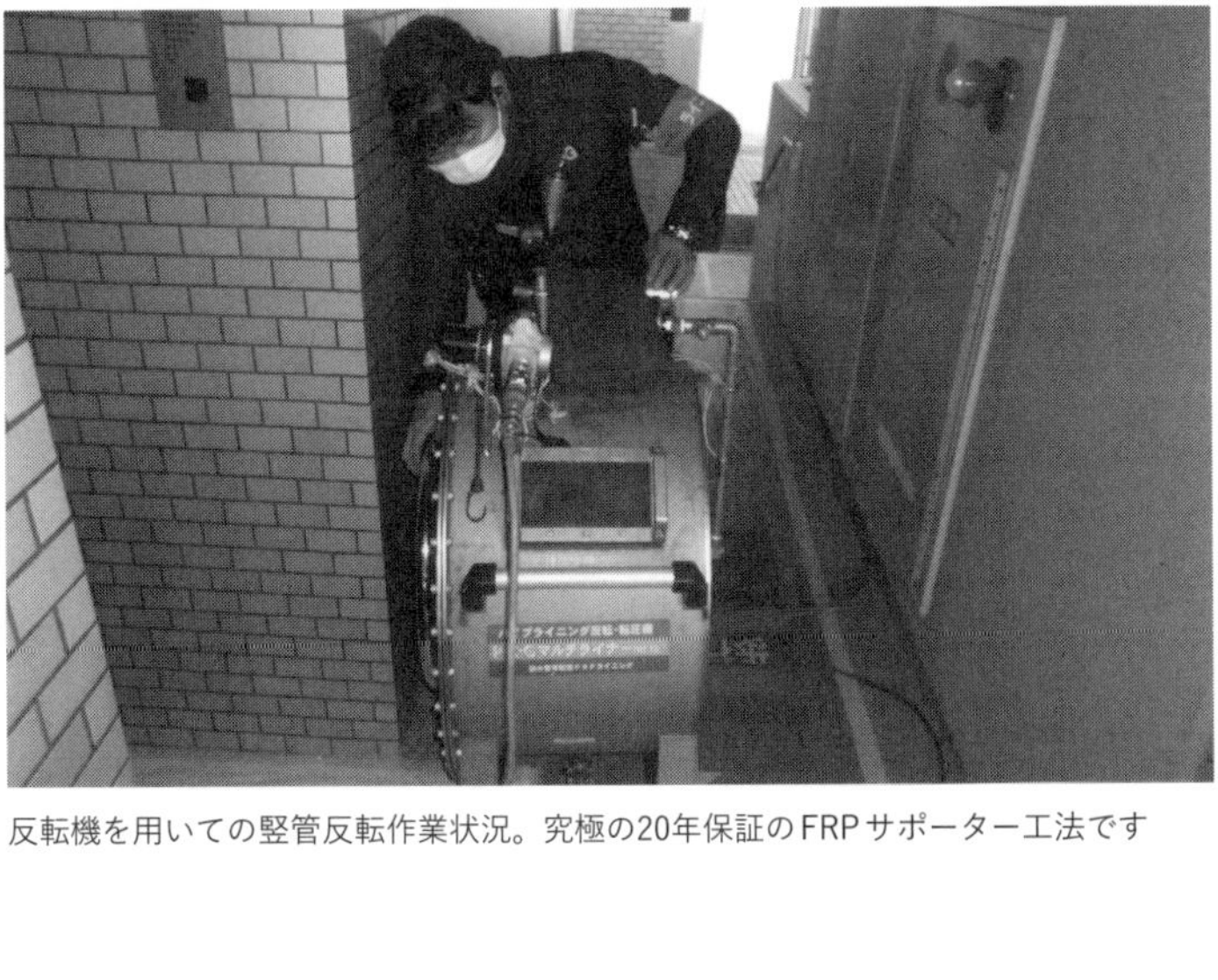

反転機を用いての竪管反転作業状況。究極の20年保証のFRPサポーター工法です

つまり、施工日数が少ないイコール金額が安くなるのはもちろんですが、プラス居住者の負担（在宅のお願い・排水規制等）も少なくなります。私は、これがマンションやビル管理の皆さん、居住者の皆さんにとって一番大きなメリットではないかと思っています。

現状に満足しないスタンス

Ｐ・Ｃ・Ｇ工法には、他にも優れている部分が多々あります。とくにロボット施工においては、Ｐ・Ｃ・Ｇ工法が一人勝ちになっていると私は思っています。複雑な枝管分岐部であっても内部から施工することができる、この工法によって一気に市場が広がりました。

従来の工法のように在宅をお願いする必要がないので、お客さまのご負担も減ります。その上で、加盟して20年が過ぎて私が実感するＰ・Ｃ・Ｇ協会の優位性は、常に他工法の一歩も二歩も先に進もうとするスタンスでいることです。現状に満足することなく、技術的にもシステム的にも、常に先を見据えて改良・改善に取り組んでいるため、他社は追いつくことができません。

もちろん、加盟している我々にも努力は求められます。Ｐ・Ｃ・Ｇ協会の60周年記念パーティーの席で、私は「これからもＰ・Ｃ・Ｇグループ、Ｐ・Ｃ・Ｇ工法はまだまだどんどん発展していきます。今日お集まりの協会員の皆さまも遅れないように頑張って、お互いに協力してやっていきましょう」と挨拶をさせてもらいました。

開発元が努力を重ねて前に進んでいくのですから、私たち協会員も遅れずに付いていかなければなりません。市場はあまりにも大きいのです。これからもマンションはどんどん増えていきます。そのすべてが我々の施工を待つお客さまなのです。これからますます排水管の更生工事に選ばれる工法はP・C・Gのそれに絞られてくるでしょう。加盟を考えている経営者の皆さまには、技術の習得は容易ではないかもしれませんが、しっかりと学び、体制を取ることができれば、本当にお勧めできる工法と言えます。

P・C・G協会や、我々多くの加盟会社などと共に発展できると思います。

PROFILE

社名	株式会社P・C・Gビルテック
所在地	広島県福山市古野上町9-3
設立	1974年4月　2008年4月社名変更
事業内容	P・C・G給排水管更生工事（FRPライニング、パラシュートライニング）、排水管高圧洗浄、貯水槽清掃維持管理、貯水槽内・外面樹脂塗装、給水管洗浄（JAB工法）など
P・C・G協会加盟年	2004年3月

大阪府吹田市

的場商事株式会社

快適な生活を支えるための水。
その維持管理は大切です。
今後も見えないところにこそ目を向け、
努力と挑戦を続けていきます。

代表取締役
的場広宣

当社は1975年5月の創業以来、上下水道の維持管理メンテナンスを生業としてきました。

そんな毎日の中、2000年から2001年に世紀が変わるタイミングで新しい事業にチャレンジしたいという思いが私に生まれました。

P・C・G協会から届いたDMに目を通すと、当社でもライニング工事ができそうだと感じたのです。

すぐにP・C・G協会に連絡を取り、名古屋の本社まで足を運んで、藤井金藏社長（当時）から具体的な説明を受けました。これだと感じて、翌月にはやると決めたのです。

ライニング事業をチャンスに感じた

ただ当時は私の父である先代の社長の時代で、私は専務でした。最初はＰ・Ｃ・Ｇ協会に加盟してライニング事業を始めることに関して、社長からは反対されたのです。正直に言えば社内の雰囲気もどちらかというと「そんなん多分できへんやろ」という従業員が多かった気がします。

しかし、私にはぜひやりたいという強い思いがあったので、一生懸命に説得しました。なぜかというと、２００１年頃は建設業界全体の景気に陰りが見えていて、当社にもその影響が出ていたからです。発注の量にも浮き沈みがあり、これから先を見据えて、今の社員と一緒にできる新しい事業がないかと私はずっと模索していました。

ライニング事業であれば、当社が所有している機材関係、工事車両関係を使うことができるので、まるまる新規の事業を立ち上げるよりは、それほど負担にはなりません。新たに何か大きな機械を導入するとか、別の場所を確保する必要なく、スタートを切ることができるのです。

そういった諸々を説明し、先代にもお願いして、加盟することができました。

慣れない技術と作業に苦心

関西圏では当社が初のＰ・Ｃ・Ｇ工法の施工代理店でした。とにかく大阪を中心に関西エリア全部を営業に回りました。いろいろなビルやマンションの管理会社などを回って説明したのです。

加盟から3年後の2004年6月に私が社長に就任しました。ちょうどその頃にＰ・Ｃ・Ｇ協会の今の工法「ＦＲＰサポーター工法」が開発されたのです。当社が加盟した時は、水道の給水管の「Ｐ・Ｃ・ＧＶａｃＬ工法」だけでした。その後も藤井社長（当時）が新しい工法をいろいろな形で導入して、ついにＦＲＰで排水管の中に新たなパイプを作る工法を開発したのです。そこから給水管のライニングにプラスして、排水管もライニングしていくという流れができたわけです。

話を戻せば、加盟当初は技術的にはさまざまな苦労がありました。元々、当社は土木系の仕事をしていたので、下水道の工事であっても、屋外での仕事がメインだったのです。つまり、給排水管のライニングのような建物や住宅の屋内での作業に関してはまったくの未経験でした。そのため、最初は社内に建物の給排水管の知識や技術を持っている人間が皆無だったわけです。建物内の排水設備に対する知識が浅くて、どう作業を進めていけばいいか、頭を悩ませる場面が多かったのを記憶しています。枝管が複雑に分岐しているなどの建物図面も満足に読めませんでした。

工法の進化に必死でついていく

あとは作業で使う材料の取り扱いにも慣れるのに時間がかかりました。屋外の工事と、屋内の工事で使う材料がまったく違うのです。例えば、エポキシ樹脂などこれまで当社で使っていなかった材料です。

さらに、その材料自体も、Ｐ・Ｃ・Ｇ協会のほうで次々に改良を重ねるため、前より高品質な材料、より適した材料を目指して開発されていきます。材料が固まる時間がどんどん短縮されていきました。当然、現場でも新しい材料に合った使い方や、作業時間などの変化に対応していかなければなりません。そんな状況で勉強しながら作業を進めたので、最初は大変でした。

あれから20年以上の経験と実績を積んだので、今では自信をもって作業に取り組めています。例えば、ひとつの建物においても「ここまではＦＲＰで対応して、ここの枝管は塗りだけでＯＫ」など、状況に応じて工法を使い分けて提案できるレベルになっています。お客さまの要望に応えられるような形で、完全にそれぞれのニーズに合ったやり方を提案できるようになりました。

災害復興でも社会貢献

そういった当社の技術を社会貢献にも提供しています。２０２４年1月に起きた能登半島地震への災害支援活動に当社も参加しました。国交省からの依頼で当社が協力したのは下水道の被害状況の調査です。今回の揺れによって、道路の下に埋まっている下水道が割れたり、歪みが入ったり、詰まったりなどその傷みの状況を調査したのです。

災害時には復旧のために、まず専門家による被害状況の調査が必要です。当社は輪島市の各道路にあるマンホールをあけて、中にカメラを搭載した調査ロボット入れて下水道管の中を検査する作業を担当しました。どの下水道管がどれほど傷んでいるのかをひとつずつすべて調査したわけです。

その調査結果の集計を踏まえた上で、次は復興復旧の工事に入ります。我々は復興のための事前準備に協力しました。今回、私が能登半島に行って実感したのは、水道だけが復

テレビカメラによる管内の調査を行っている場面。この2人は海外から特定技能制度で活躍中のスタッフ。これからもさらに技術の習得に努めようと、とても意欲的です

吸引車の前で全員集合したスタッフ。的場商事は、下水道整備と配管メンテナンスでビルやマンション、街のインフラを支え続ける。能登半島で災害支援活動にも参加した

旧しても下水道や排水管が復旧しなければ、インフラとして機能しないということです。

水道から飲み水を出せても、そのあと流すことができなければ、生活は成り立たないのです。街の機能として、排水管が壊れている状態では水が流れていきません。下水関係が全部アウトになって排水機能が死んでいるので、洗面所もお風呂も結果的に水を流せません。実際、コンビニであろうがどこであろうがトイレは使えませんでした。水道の蛇口をひねって水が出たとしても、流れることがなければその水は溜まるだけで詰まってしまうのです。生活インフラが壊れたときの困難を思い知りました。

私は、あらためてP・C・GのFRP工法が耐震化という意味でも非常に強みがあると実感しました。P・C・GのFRP工法であれば、排水管の中にもうひとつのパイプを作るため、外側のパイプが傷んでも、内側には潰れにくい強力なパイプが残るわけです。元々ある配管の中にもうひとつ配管を作って二重構造にするので少々のことでは壊れません。

災害に対する強さという面から見ても、P・C・GFRPライニングのニーズは今後も高まっていくと確信しています。その上、配管を作り直すのではなく、今ある配管を活かして管理を継続して、持続可能な社会を支えていくわけです。

こうした災害にかかわらず、日本全国でインフラやビル、マンションの老朽化は加速していきます。スクラップ&ビルドではなく、あるものを活かし続ける、まさにこれからは「メンテナンスの時代」と言えるかもしれません。従って、私たちはさらに技術力を高め、施工体制をより充実させていく必要があります。

くり返しになりますが、いろいろな意味で私たちの仕事は時代のニーズに合致していると考えています。これから加盟を考えている皆さんは、ぜひそのような時代背景にも思いを至らせて、一緒に社会的な使命を果たしていきましょう。

PROFILE

社　　名	的場商事株式会社
所 在 地	大阪府吹田市川岸町21-45
設　　立	1975年5月
事業内容	P・C・G給排水管更生工事（FRPライニング、パラシュートライニング）、河川・水路清掃、浚渫工事、下水道管渠洗浄・調査、下水道管更生・補修など主に排水管及び下水道メンテナンス事業
P・C・G協会加盟年	2001年8月

岡山県美作市

有限会社アイビー産業

配管を取り替えることなく再生する工法は、人や社会、環境に貢献するという当社の方針そのもの。社会的ニーズが大いにあると感じています。

代表取締役
小林秀樹

当社は1986年8月創業で、公共下水道や浄化槽の保守点検などを手がけてきました。

2004年2月にP・C・G協会に加盟しています。「お客さまに快適な生活環境を提供し、より社会貢献を果たしたい」という目的から加盟を決めました。

加盟当初、まだ私は社長就任前で立場は総務部長でした。会社が発展していくために、本業以外に何かを変えていく必要があると考えていた時期です。社長から新事業を提案され、やりがいを感じてワクワクしたのを覚えています。

エリア拡大のために試行錯誤

ただし、新事業を始めるにはさまざまな課題がありました。

まず苦労したのは最初の営業です。

当時は岡山県の美作市内を中心にしたエリアで仕事をしていました。地元の美作市から外への営業活動はほとんど行っていなかったのです。

しかし、当社は中国四国支部としてスタートしたため、当然ながら地元以外の地域にも販路を拡大する必要がありました。

Ｐ・Ｃ・Ｇ協会からも熱心に指導をいただき、営業スタッフを４名に増やして、営業戦略を立てて活動しましたが、パソコンもいまほど活用できる時代ではなく、すべてが手探り状態で頑張っていました。営業先をピックアップしてリストを整えていくだけでもひと苦労で、夜遅くまで作業を続けたのが懐かしいです。

そうした地道な努力も実り、エリアをじわじわ広げることができました。大手企業が当社のパンフレットを見て興味を持ったり、Ｐ・Ｃ・Ｇ協会の展示会に足を運んだりして、中国エリアである広島県や山口県からも発注がもらえるようになりました。そこから実績を積んで、信頼を得ることで他のお客さまを紹介してもらえたのです。

レベルアップのため研修センターを設立

そうやって加盟からすでに20年が経過して、見積もりから現場まで多くの物件を施工してきました。それでも、すべての建物が、以前に施工したことがある構造と同じという状況にはなかなかなりません。

複雑な分岐をした配管もあれば、事前にもらった図面と実際の建物が違うというケースさえもありました。

そのため、当社では常に実践的な研修を怠りません。必ず座学で学んでもらい、実務を経験してから、現場に入るシステムにしています。

私が代表になって4年目ですが、２０２３年に岡山市に土地と建物を購入して、当社のスタッフのための研修センターを設立しました。

そこでは、敷地内に4階建てのタワーを建て、実際に足場を組んで、よくあるマンションなどに似たような配管を設置しています。

Ｐ・Ｃ・Ｇ工法で作業をするチームは、現場に行く前に必ず現場に似た配管を組んで、シミュレーションをすることになっているのです。新人や若手スタッフなどが基本的な工法の内容や、材料についての知識や、安全管理についても学ぶこともできます。

そうした技術の習得はもちろんですが、研修の意義はスタッフ一人ひとりが各自の役割を認識してもらうことが重要です。

現場での各自の役割を再認識

実際の作業現場では、各チームがフォーメーションを組んで、建物に入ってから一人ひとりの役割があります。この役割を各自がしっかりと理解した上で現場に行く段取りに変えたのです。

研修の効果は顕著で、工程表とタイムスケジュールを１人ずつに渡して、作業時間が短縮できています。

以前は現場リーダーのトップダウンに任せ過ぎる傾向や、１人で担当すれば十分な作業に３人もの数で取りかかっているケースもありました。

そうした非効率な作業の積み重ねが、作業終了の予定時間をオーバーしてしまう結果になるのです。

やはりお客さまの住居部分や専有部分で作業をする以上、きちんと教育し、一人ひとりのスタッフが自分の役割を自覚する必要があると考えました。そこで、現場を想定した配管を社内で作製し、持場を想定した実地研修を積んでいるのです。

おかげさまで当社のスタッフは外部の方からも好評をいただいております。

稀に元請の監督がリストを見て、「1年目や2年目の新人ばかりじゃないか」と難色を示すこともあります。

しかし、実際に現場で、自分の役割を認識してきびきびと作業するスタッフを目にすれば、「いい動きするね」と褒めてもらえます。

他にも当社では、現場で作業をすることはない事務のスタッフであっても、P・C・G協会の研修はひと通り受けてもらっています。

お客さまからの電話で「今日アイビー産業さんに入ってもらった現場で、こういう問題があったんだけど……」などの問い合わせを受けた場合、内勤のスタッフであっても、自分の頭の中に現場の様子を描いて対応ができる体制が必要だと考えたからです。

初期の営業で苦労したと先述しましたが、現在の受注状況はとても順調です。

図面に忠実に配管を製作し、正確な施工を行うために着工前に、研修を実施します。作業員が担当部署を認識し、施工要領に基づいた正確で効率の良い施工を行います

私たちは、困り事を解決する架け橋となり、お客さまの快適な暮らしとクリーンな環境づくりを追求します。全員参加のチームワークで社会に信頼される企業を目指します

社会的ニーズの高まりを感じる

とくにこの3年ほどは急に認知度が上がった印象があり、多くの見積もりの問い合わせが入るので嬉しい悲鳴を上げています。

P・C・G工法の必要性と認知度が上がった結果、他工法に比べて優れた部分を理解してもらった上で受注に至るケースがかなり増えてきました。

相見積もりをしても、「アイビーさんのほうがちょっと高いけど、P・C・G工法ということで採用させてもらいました」というお客さまも少なくありません。

岡山県内だけでも古いマンションは多く、ここ数年は社会的ニーズの高まりを感じます。

SDGsの時代の流れや、廃棄物に対する規制なども追い風になり、民間のマンションだけではなく、公共的な施設からも積極的に採用されているのです。

例えば、小学校や中学校の汚水管と排水管の依頼が増えており、むしろ設計の段階から座組に入れてもらうこともあります。

他の工法と比べて、P・C・G工法の良さの認知度が上がった結果、グループ全体もその恩恵を受けています。

本部からも技術的、作業的、あるいは営業的なバックアップがあります。東京、大阪、名古屋などで定期的に展示会が開催されるので今後も認知度はますます高まるでしょう。

とにかく、まだまだマンションや事務所ビルなどで、排水管の修繕に関して困っている方が多いです。取り替えたいのに取り替えられない悩みに対して、P・C・G工法によって解決し、作業をやり遂げた後、生まれ変わった配管を見たお客さまからの感謝の言葉もたくさんいただきます。

給排水管の更生工事を行うことにより、廃棄物発生を抑制することで環境保全につながるので、社会貢献が可能です。

このような社会貢献的な誇りを持った仕事であり、なおかつビル・マンションの居住者の不安や悩みを解決できるやりがいのある業務と確信しています。

PROFILE

社　名	有限会社アイビー産業
所在地	岡山県美作市三倉田575
設　立	1986年8月19日
事業内容	P・C・G給排水管更生工事（FRPライニング、パラシュートライニング）、産業廃棄物・一般廃棄物収集運搬業務、浄化槽維持管理・清掃業務、公共下水道処理施設維持管理業務など
P・C・G協会加盟年	2004年2月

徳島県鳴門市

株式会社チカダ

技術習得のハードルを
乗り越えれば、
自然と顧客が増えて
結果的に収益が上がります。

代表取締役
近田好修

当社は2009年3月の創業以来、防水・建築関連事業を中心に事業展開をしてきました。

P・C・G協会については、会社を設立する以前から知っており、その素晴らしい技術を当社でもぜひ使ってみたいと考えていました。当社は職人集団なので技術的な面は問題ありません。しかし、ライニングという新事業を立ち上げるためには、営業のマンパワーが不足していました。そこで2015年、営業のエキスパートを社員として迎え、営業部門を大幅に強化したのをきっかけに、2018年4月、P・C・G協会への加盟を決めたのです。

地元の徳島の需要が少ない

そもそも地元の徳島県は、ライニングの需要がまだまだ少ないのです。県内には大規模マンションがそれほど多くはなく、また築年数も浅いため、四国内では香川県高松市や愛媛県松山市、高知県高知市などの大きな都市のほうが需要は多くあると予測していました。従って、営業部門を強化して事業エリアを拡大していけば、当社に大きな貢献をもたらすだろうと考えていたのです。

P・C・G協会に四国総代理店として加入した後、すぐに四国の各県に営業スタッフを派遣しました。最初の2年間は、四国中のマンション管理会社や、マンション管理組合を中心に営業活動を行いました。当社が最初に施工を手がけたのは、高松市のマンションでした。その施工時、忘れられないエピソードがあります。

隣の大型マンションの管理組合理事が工事の様子を見に来た際、当社の営業がこの画期的なP・C・G工法の詳細を説明する機会を得たのです。ちょうど給排水管の更新時期が近付いていたらしく、隣のマンションの工事に興味があったのでしょう。情報が欲しかったのです。当社の営業が、いかにP・C・G工法が優れているかを懇切丁寧にプレゼンしました。そして翌年の大型契約の受注に至りました。スタッフの営業力の賜物です。もちろん、そのマンションは、P・C・G工法を採用したことによって大きなメリットを享受できたのです。とても喜んでいただけました。

1つの案件を受注するのが大変な時期だったのでこの話はとても嬉しかったです。当社の営業スタッフには四国中を2年も3年も駆けずり回ってもらい、本当に苦労をかけました。心から感謝しています。

相見積もりで9割勝てる

現在は高松、高知辺りのエリアに関しては、P・C・G工法が認知されてきたという感触が私の中にあります。

今や他社の工法と相見積もりでコンペになっても、9割ぐらいは当社に発注をいただける状態になってきています。それらの工期調整に関しても当社の営業が力を発揮してくれます。P・C・G工法の案件は、ひとつの物件の金額が大きいのですが、作業スケジュールをうまく組み合わせていく必要があります。例えば、案件と案件の間が2週間も空いてしまうのはもったいないわけです。その部分も営業が現場ごとのサイクルを上手に詰めることによって、売り上げアップに貢献してくれています。

また、Ｐ・Ｃ・Ｇ協会のグループの特長として、代理店同士の横のつながりによる協力関係もありがたいです。特殊な工法であり、作業ができる職人が限られているため、スタッフの手が足りない場合にお互いにサポートメンバーを出し合うようにしています。これについては、仕事を補い合えることもそうですが、技術習得の面でもプラスになります。

当社は加盟からまだ6年目の新参者であり、技術レベルに関してはもっと長く加盟している大阪や広島の代理店さんから学ぶことが大きいです。

手伝いに行った現場で、当社の若手スタッフが指導を受けたり、難しい現場の場合は逆に教えに来てもらったりなどの技術交流は欠かせません。

すべての工程を一気通貫で手がけたい

現在、当社は給排水管更生ＦＲＰライニング以外にもいくつもの事業の柱を抱えて活動しています。それは、外構工事・防水工事・設備工事・塗装全般・各種リフォーム・基礎工事などになります。住宅の新築についても手がけているので、ゆくゆくは当社の職人だけで基礎から完成までを行うという目標があります。内装のクロス貼りなども含めて、当社ですべてを賄いたいのです。

なぜそこまで頑張りたいのかと問われれば、やはりお客さまのためであり、もちろん会社のためでもあります。それが私が思い描く住宅・ビルの総合設備業として最終形です。

日々の業務を続けていく中で、私は常に悩んでいました。従来の各工程でバラバラの業者が関わる体制には課題があります。建築事務所や工務店から分離発注をすることの手間があり、そのやり方では余計な労力やコストが生じています。

それらの無駄なコストをいかに省いて、業務効率化と利幅増の両方を実現できるかに、長年頭を悩ませてきました。その課題を解決するためには、一貫した生産体制が構築できればいいと考えて、社内の体制を整えてきたのです。

なかなか一気には理想の形に進みません。しかし、目標の最終形を目指して近付いてはいると思っております。住宅に関する工事のすべてを自社の職人で完成させる一貫した生産体制の確立までもう少しなのです。

正直に言えば、今の当社の体制として、住宅建築のおおよそ6割から7割ぐらいの工程に関しては、自社の社員で施工ができる状況です。そこにＰ・Ｃ・Ｇ協会のライニング事

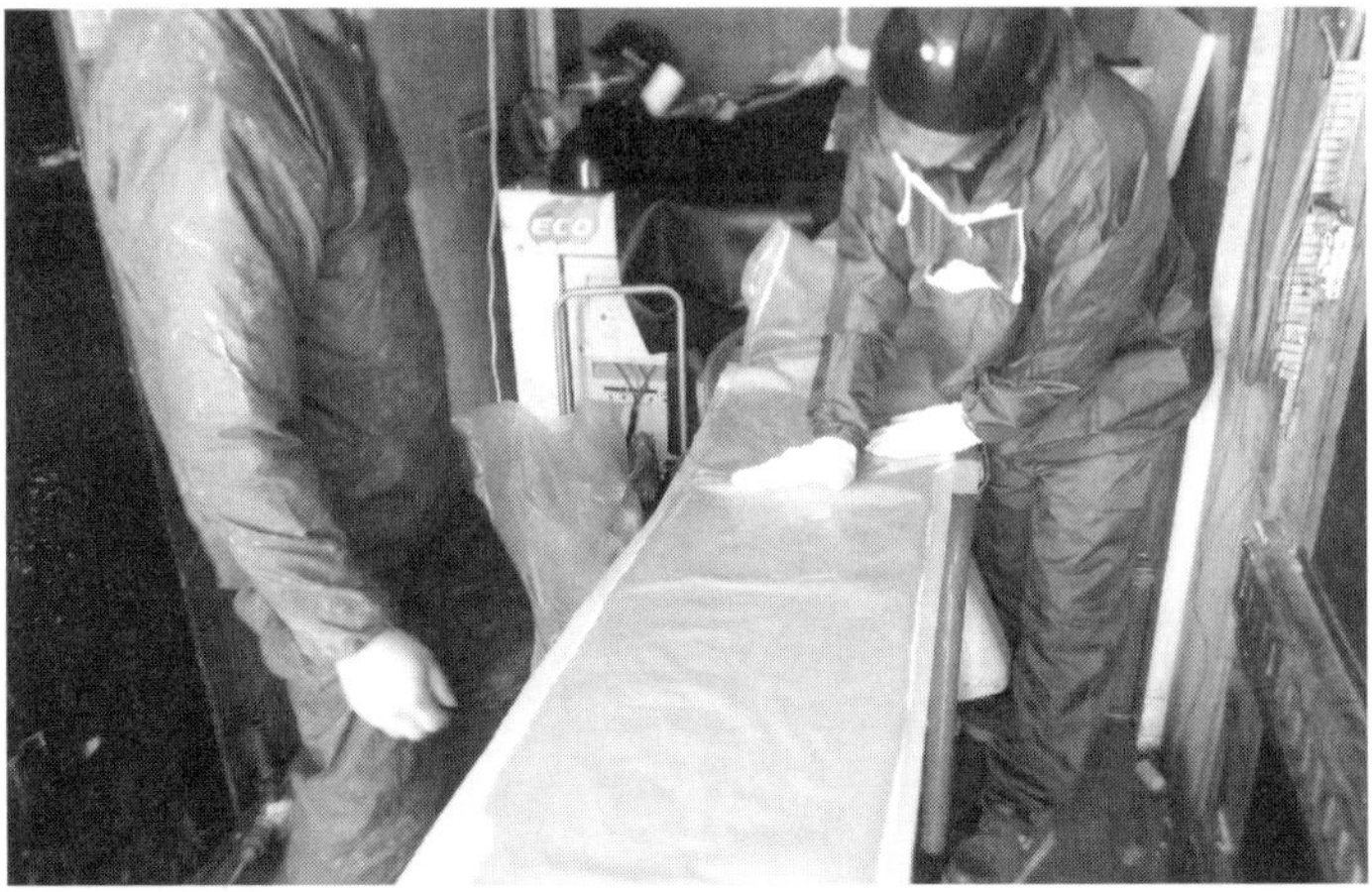

含浸装置の上に脱気済みのFRPタフネスクロスを延ばし、調合された所定の量のＰ・Ｃ・Ｇコートマルチ（エポキシ樹脂）を含浸する作業です

次にマルチライナー（特殊機材）を使用し、壁を壊さずに既設配管の中にFRP管を成形することにより耐震補強と管を再生します

業が加わっているわけです。つまり、基礎から最終的な工程まで手がけ、なおかつその後の住宅のメンテナンスまでもできることになれば、当社で住宅に関して一気通貫で全部を担当することができるようになるのです。

今後も建築のすべてを引き受けるという期待に添えるよう邁進していきます。

技術習得のハードルを乗り越える

とにかくP・C・GFRPサポーター工法は完成度が高いです。給排水管工事に関して、付帯工事の少なさにも感銘を受けました。こんな工法は他にはありません。

当社ではP・C・G協会への加盟前から防水事業でFRPは使用していたので、一定の知識と技術はありました。ですからP・C・G協会の工法に関しても、ある程度のイメージを持っていましたが、その想像の上をいっていました。

元々完成度が高いと思ったから加盟したのですが、実際に施工を始めて、あらためてレベルの高さを認識したのです。この工法は本当に日本のトップレベルの品質であり、他の工法と比べてもずば抜けています。それだけに習得するためのハードルは高いともいえるかもしれません。

私からのアドバイスは、加盟を考えている人には覚悟と根性が求められる場面がくると思いますが、困難に直面しても諦めずに取り組んでください、ということです。常にポジティブな意識を持ちましょう。また、この工法を取り入れたから必ず儲かると思わずに、不断の努力によって自然と顧客が増え、結果として収益につながっていくと捉えましょう。ぜひ、私たちの仲間に加わって、共に成長してまいりましょう。

PROFILE

社　名	株式会社チカダ
所在地	徳島県鳴門市大麻町市場字川縁16
設　立	2009年3月
事業内容	P･C･G給排水管更生工事（P･C･GVacL工法、P･C･GFRPサポーター工法、P･C･Gマルチライナー工法）、総合住宅設備業（断熱材アイシネン、シロアリ駆除、外構工事、防水工事、塗装全般・各種リフォーム・基礎工事）など
P・C・G協会加盟年	2018年4月

北海道札幌市

株式会社パイプライン

更新工事のできない排水管、職人不足・資材高騰などの状況下で、更生工事の需要がますます高まると感じております。

代表取締役
中田英一

当社とP・C・G協会との交流の歴史は長いです。

そもそも1977年4月に当社の前身である北海道パイプライン工業（株）が設立されました。その当時の社長が、すでに藤井金藏社長（当時）と知り合いで、P・C・G協会が開発する独自の工法による施工を請け負ってきたのです。

最初は各種配管のポリピグ洗浄や圧送式ライニングなどの工事を手がけていました。それから2003年7月にP・C・Gマルチライナー工法の施工代理店となり、現在の（株）パイプラインが設立される運びとなりました。

全国の施工代理店から刺激を受ける

ただし、P・C・Gマルチライナー工法のための機材や機械などをきちんと購入しての施工代理店となるのは、2023年9月からになります。それまでは他の加盟店さんから機材をレンタルしたり、協力を受ける形で現場をこなしていたのです。

2023年8月に札幌市で開催された下水道展という展示会にP・C・G協会がブースを出展することになり、地元である当社に協力を依頼されました。その4日間の開催期間、お手伝いをする中で私は刺激を受けたのです。

あらためて藤井会長からいろいろな話を聞いたり、東京、大阪、九州の施工代理店の社長の方々と話すうちに、当社も自前で取り組む必要があると感じました。そこで展示会の終了後、工法のための機械や機材のセットを導入して、すぐに本格的にライニングを始めることに決めました。

同時に営業活動にも力を入れています。それまでは当社のホームページぐらいにしか告知しておらず、積極的な営業はほとんど行ってこなかったのです。これからは本格的に取り組むことに決めたので、２０２３年11月から営業も力を入れて地域のマンションの管理組合さんなどを回るようにしています。

北海道の経済ニュースなどを取り扱っている『財界さっぽろ』誌からは、Ｐ・Ｃ・Ｇマルチライナー工法についての取材を受けました。その掲載号が刊行されて以来、多くの問い合わせを受けています。まだまだ当社は本格的に始めたばかりではありますが、２、３年後には年間２件から５件は受注するという目標を立てています。現在のペースなら十分達成可能の見込みです。

札幌五輪に建ったマンションが老朽化

北海道内には建ててから30年、あるいは50年も経過しているマンションが結構あるのです。建ててからは20年経つと給水管が劣化するというケースが多いのですが、40年以上になってくると排水管にもいろいろな問題が出てきます。

とくに北海道では札幌オリンピック（１９７２年）を開催した際に、多くのマンションが建ちました。すでにそれらのマンションは50年を経過している物件も少なくないため、老朽化は避けられません。

一例を挙げますと、地方自治体からの発注の集合住宅における案件です。当社で排水管ライニング工事を年単位で請け負っています。工事以前は、排水管の詰まりによる逆流によって、汚水が室内に溢れ出たり、穴があいた部分から漏水したりとトラブルが多発していました。しかし、ライニング工事施工後は、排水管のトラブルが解消されたのです。

居住者及び発注者からは、工事期間も短く、騒音も少なく居住者のストレスを最小限に抑えることができたと感謝の言葉を頂戴して、私たちも大変嬉しく思いました。

研修施設でシミュレーション

まだまだ当社ではライニングの実績が少ないので、実践経験を積むために、独自の研修施設を用意しました。当社の倉庫の中に現場に見立てた配管を組み立て、試験施工できるようにしたのです。時間を見つけてはスタッフが集まって、施工の練習を重ねています。

一方、P・C・GFRPサポーター工法に関しては、当社による直接の施工実績が少ないため、P・C・G協会からの手厚いサポートを受けています。施工中に、当社の工事担当者がP・C・G協会本部の技術担当者等と連絡を取り合い、アドバイスを受けながら工事を進めるのです。

例えば、施工した物件が、ルーフドレン管と呼ばれる屋上の雨水を集めて排水するようなパイプで、途中の枝管も複雑に分岐していた場合は厄介です。本部から的確な指示を受け、トラブルなく工事を完了することができました。

また施工の際には、まだ実際には一度も使ったことがない機械も投入するため、施工の写真などを随時送り、電話でＰ・Ｃ・Ｇ協会からの適切な指示を受けながら作業を進めました。おかげさまで滞りなく作業を終えています。

乾燥時間を劇的に減らす機械

購入して使用することで、Ｐ・Ｃ・Ｇ協会の機械の素晴らしさを再認識しています。そのひとつが加熱プラントです。導入したおかげで作業時間を大幅に短縮することができました。

我々の作業は排水管の内部に塗布した材料が硬化しなければ次の工程には進めません。しかし、寒い北海道の気候では乾かすのもひと苦労なのです。北海道の夏場はまだそれなりに暑いのですが、雪溶けをした春先の４月から６月まではどうしても気温が低い時期も

屋上の雨水等を排水するルーフドレン管のFRPライニング。丈夫で地震に強い、抜群の強度を持つパイプに生まれ変わります

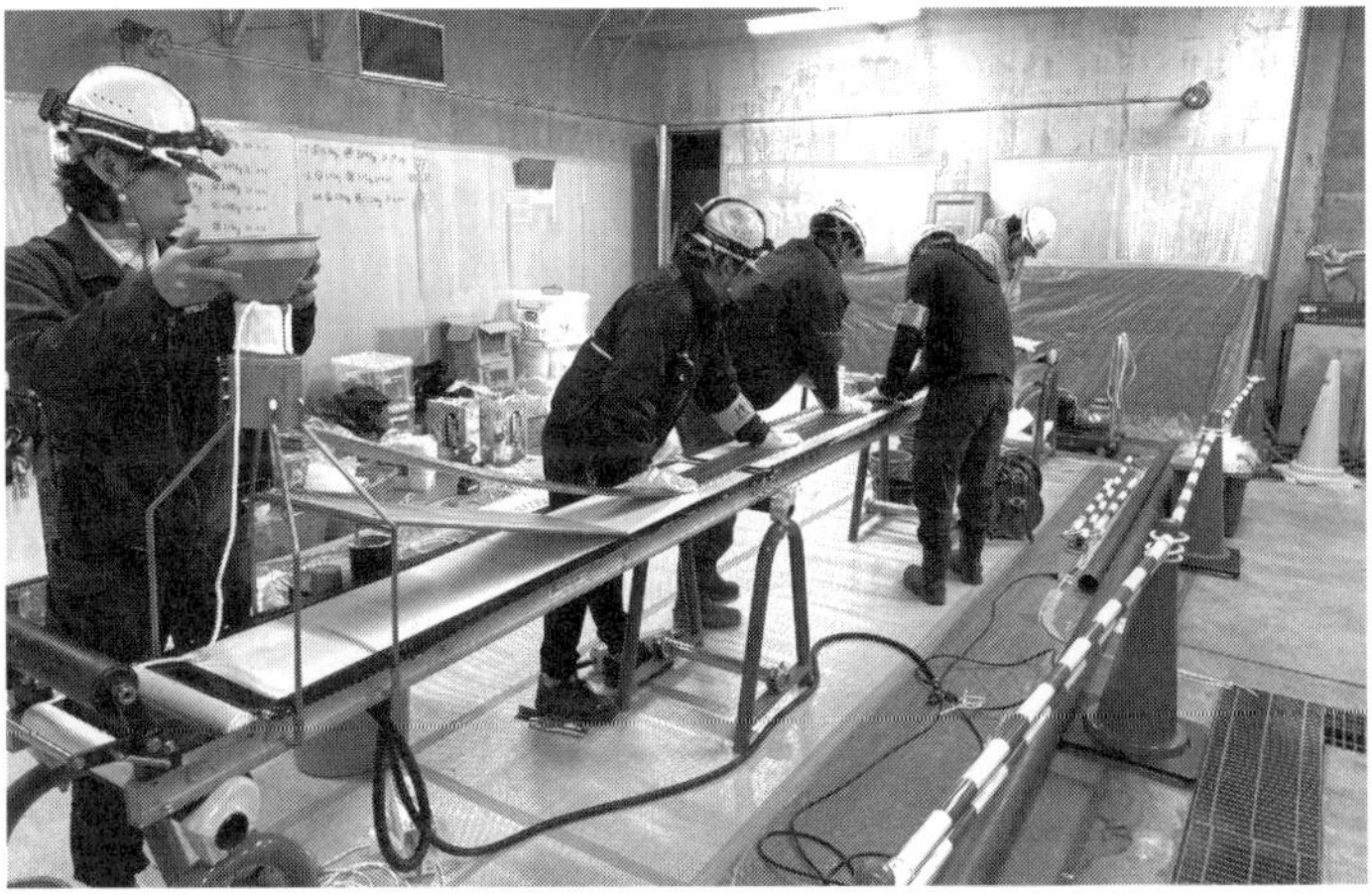

樹脂含浸機を使いライニング材を充填後、脱泡処理・厚み調整を進めていく現場スタッフ。ライナーを反転挿入する前段階です

あります。当然ながら、秋に入る9月以降になってしまえば、冷え込みが厳しくなります。自然乾燥の場合は夏場で4時間ぐらい、秋を過ぎれば、やはり乾燥まで5時間、あるいは6時間ぐらいかかってしまいます。その硬化を待つ時間が現場では非効率的なのです。せっかく午前中の作業でライニングが終わったとしても、そこから4時間ないし5時間も待機していれば、夕方の5時まで何もできないことになります。ようやく次の工程に進んだとしても、全体の作業終了は6時を回ってしまうことになり、住民の方は夕飯の支度が遅れてしまうのです。

ところが、P・C・G協会の加熱プラントを使えば、乾燥までが1時間強で、次の工程に進めるのです。現場の効率が飛躍的に上がりました。初めて加熱プラントを使って施工したときに、素晴らしいと感じたのです。今までの作業に比べて驚くほどの時間の余裕が生まれました。

本格的に営業活動を開始して、まだ半年経たない期間で多くの反響があるので、相当の需要があると見込んでいます。「ホームページを見ました」やパンフレットをきっかけにした当社への問い合わせが絶えません。

古いマンションが多くなり、排水管の老朽化問題を抱えるマンションの管理組合さんや不動産屋さんはやはり増えています。とはいえ近年の資材高騰から、おいそれと取替工事（更新工事）を選ぶことはできません。施工側からすると、職人に対する人手不足も深刻な問題です。

実際に漏水で困っているけれど、職人の手が足りないために工期が倍以上必要と言われたという話も聞きます。それどころか、工事のための見積もりすら受けることができないと言われることもあるそうです。そのような状況では、なおさらこの工法の出番が増えて、もっと受け入れられていくはずだと実感しています。

PROFILE

社　名	株式会社パイプライン
所在地	北海道札幌市清田区北野2条2丁目23-21
設　立	2003年7月
事業内容	P・C・G給排水管更生工事（FRPライニング、パラシュートライニング）、土木・建設・管工事及び管理業務、環境関連工事（アスベスト・ダイオキシン対策）の施工・設計・管理業務など
P・C・G協会加盟年	2023年9月

京都府木津川市

株式会社西脇産業

全国都道府県を埋めても
皆に行き渡る仕事量があります。
加盟店同士の協力体制も
万全なので心強く感じています。

代表取締役
西峯 祐

代表取締役
北 健之助

CEO
西脇 勤

１９８５年創業の当社は、土木工事を中心に主に上下水道の配管工事に注力してきました。

特定建設業の許可も取得しているため、新築マンションの水回り設備工事でも実績を積んでいます。

約５、６年前に東京ビッグサイトで開催された展示会においてＰ・Ｃ・Ｇ協会の工法を初めて見ました。すぐに「これは良い工法だ。これからの時代にまさに必要だ」と思いました。ただ京都に戻ってからの私は本業に日夜取り組まねばならず、真剣に検討する時間が取れませんでした。でも、工法は間違いありません。

建物を傷めることなく、工期も短縮

そもそも給排水管の更新工事は、建物やお客さまへの負担が大きいです。老朽化している建物の壁に穴をあけて、配管を取り替えるのは建物にダメージを与えます。しかも、工事そのものも大変な作業になります。

仮設足場を組んでから配管を取り出し、新たな配管を入れて、さらに古い配管を撤去して、建物の壁を修復します。非常に手間もコストもかかる工事です。

その欠点をすべてカバーしているのがＰ・Ｃ・ＧＦＲＰサポーター工法です。

今ある既存の配管の中に新しいパイプを作って通すという工法を見て、素晴らしい画期的な技術だと思いました。この工法なら建物の躯体が傷むことはなく、工期を短縮でき、費用まで抑えられます。

絶対に売れると私自身は確信して興味を持ちましたが、予算面が悩みのタネでした。しかし、悩んでいる間もＰ・Ｃ・Ｇ協会からのＤＭは届いていました。私は、やはり検討するべきであると、展示会や名古屋の本社に足を運びました。

藤井会長からはさまざまな部分におけるサポート面について熱く説明をいただき、背中を押してもらいました。資金面に関しても自己資本の部分と、融資を受ける部分で調整を図れる範囲に収まったので踏み切ったのです。

当社の管更生事業は間違いなくひとつの柱になると思い、２０２３年6月に代理店契約をしました。

新たなネットワークが広がる

京都府・奈良県エリアでは当社が第1番目の正規代理店であるため、周囲の同業者から注目を浴びています。インターネット上ですぐに情報は得られるので、興味を持つ同業者からすでにいろいろな声をかけられています。

「何をするんや」

「ライニングの新規事業をしようと思ってますねん」

「おお、すごいいいことやなあ。こういう配管にはできひんのか」

親しくしている相手には詳しく内容を説明しています。

この新規事業を立ち上げるため、スタッフの募集をしている最中です。

既存事業に関しては、協力業者やフリーランスの方々に、協力会社として現場を支えてもらおうと考えています。また藤井会長の紹介によって、全国管洗浄協会に加入することもできました。定期的な総会では、その後の親睦会にも参加しました。

協会員の皆さまは温かく、新参者の私に「頑張ってやってくださいよ」と声をかけてくださり、意気投合したことを力強く思っています。

Ｐ・Ｃ・Ｇ協会に加盟してから新しい出会いや人脈が広がり、私自身もやる気がみなぎる状態です。

技術力が信頼につながる

技術の習得に関しては、当社のスタッフは主に管工事業に携わっており、すでに1級管工事施工管理技士の有資格者ばかりなので問題はありません。配管の切断から接続などの施工、さらには管理も全部経験しています。当然、配管自体に対する作業は日常的にやっている仕事なので何も問題ないのです。

ただし、Ｐ・Ｃ・Ｇ工法は新たな技術にどんどん進化し、機器の取り扱いには細かな手先の技術が求められるので、慎重に勉強を続けています。

当社はどこまでいっても職人の集団なので、地域に認められ、名前も含めて成果を上げるためには技術力をより高めるしかありません。品質の高い仕事を完成させてお客さまに引き渡すことにやりがいを感じています。

チームワークを高める社内イベント

お客さまの満足度向上のためには個々の技術力だけではなく、現場におけるメンバー同士のチーム力も求められます。

P・C・G協会の工法においては、建物の上階と下階に配置されたメンバーが、お互いにカメラの映像を確認しながら、無線機を使ってやりとりをします。ここでは緻密なコミュニケーションが求められます。いわば阿吽《あうん》の呼吸で連携し、仕事をしなければミスが生じたり、全体的な作業時間の延長にもつながってしまいます。

なお、当社は以前から社内がアットホームな雰囲気で、さまざまな社内イベントを催して親睦を図ってきました。ゴルフコンペや釣り、バーベキューなどを実施し、2年に1度は慰安旅行も行っています。今後ますます作業におけるチームワークの活性化につながればと考えています。

現在、当社のスタッフはP・C・G協会の名古屋の案件の手伝いに行き、現場で指導を

ビル配管の点検作業の状況です

西峯社長の施工班（計9名。上段右から2人目が西峯社長）。うち、ベトナムメンバーが5名。仲の良いチームでＰ・Ｃ・Ｇ工法に取り組みます

受けながら経験を積んでいます。まだ新規参入したばかりなので、ひとつの現場を完全に当社だけで施工した実績はありませんが、そう遠からず当社単独で施工できるようになるはずです。

代理店同士の密な協力体制

営業エリアに関しては、まずは地元である京都府、そして奈良県をガッチリ攻めたいと考えています。すでに京都市内で相見積もりの結果、当社を選んでもらい、現在交渉段階の物件もあります。

さらには営業エリアを滋賀県、三重県ぐらいまで広げられればと思っています。それらの地域には古いマンション、団地などがたくさんあるので、うまく受注できれば大きいです。P・C・Gのライニング部門だけで3年以内に3億円、5年以内に5億円という売上目標を設定しています。

当社が加盟して驚いたのは、先輩の加盟店の方々に「いろいろ勉強をさせてください。教えてください」とお願いすると、誰もが惜しみなく「どうぞどうぞ。教えますよ」と快く受けてもらえることです。一般的に新しい業者が入れば、仕事を奪い合う、敵が増える感覚で捉えられる場合が多いので意外でした。

　やはり市場に豊富な仕事量がある事実が、代理店同士の協力体制を築ける基盤なのだと考えています。

　仕事量が不足気味であれば、新しいライバルが増えることに難色を示す人が出てきてしまいます。しかし、市場にニーズが十分にあるため、お互いに「協力しますよ」という関係を保持できると思いました。

　まだ代理店が存在せず空いている地域があります。全国都道府県のエリアを施工代理店が埋めても、業者間で協力できる関係がＰ・Ｃ・Ｇ協会を中心に結ばれているのです。これから加盟する代理店も心強く感じてもらえると思います。

PROFILE

社　　名	株式会社西脇産業
所 在 地	京都府木津川市加茂町美浪桝5
設　　立	1988年4月
事業内容	P･C･G給排水管更生工事（FRPライニング、パラシュートライニング）、建築工事業、土木工事業、石工事業、舗装工事業、塗装工事業、とび・土工工事業、鋼構造物工事業、浚渫工事業など
P･C･G 協会加盟年	2023年6月

大阪府堺市

北野工業株式会社

インフラ事業を通じて 持続可能な生活環境を創造し、 真に豊かな“社会創り”に貢献する。 当社の理念に合致した工法です。

代表取締役
門田恵理子

1964年5月の創業以来、当社は60年にわたって、都市ガス配管工事に従事してきました。長年培ってきた施工技術によって難易度の高い都市ガス配管地中埋設工事は当社の得意とするところです。

他にも電線地中埋設工事や軟弱地盤土壌改良工事なども手がけてきました。

当社の経営方針でもある生活インフラ業の業務拡張を考えた際、P・C・G協会の工法に出会い、新たな業態となると確信しました。

きっかけは登録したビジネスマッチングによる引き合わせです。

ワンマーケットによる将来の不安

じつは私は異業種から当社に転職しています。

入社当時の当社はいわゆる〝ワンマーケット〟、具体的には仕事の１００％が大手のガス会社からの発注という状態でした。経営者として、永続的な発展を目指すという視点で考えたとき、このままでいいのかという不安を長年抱えていたのです。

もちろん、今までは60年間も大手のガス会社からの受注のみでやってこられたので、非常に安定した業界であることは間違いないと思っています。

そんな中、２０１７年には電気に続きガスの小売全面自由化が始まりました。風向きが変わり、大きく市場が変わる時代になると大手の発注元１本に依存して大丈夫なのかと肌感覚で懸念していたのです。

とはいえ、ワンマーケットでやってきた弊害として、営業活動や他に視野を広げる動きを一切意識してこなかったこともあり、新たな販路にご縁がないのも事実でした。

そのようなときに、ビジネスマッチングの会社から勧められていくつかの企業と商談をしてみたのです。その中でこれはと思ったのがＰ・Ｃ・Ｇ協会でした。

なんといっても最大の魅力は市場の将来性です。今後、拡張する市場が見込めることで安定した収益につながる事業であるという確信が持てたことは大きかったと思います。1年ほどじっくり検討期間を設けましたが、判断を揺るがすものは一切ありませんでした。私はP・C・G協会に加盟する決断をしました。

雇用や活躍のチャンスの拡大

例えば、屋内の作業がメインという部分も、事業を横方向に展開したかった当社の希望に合致していました。

当社の従来の業務は土木業のため、屋外での仕事がメインでした。新事業を始めるにあたり、同じ屋外作業を増やすのであれば、降雨などの外部環境によって現場作業が左右されてしまうという点で今と条件があまり変わらなくなります。P・C・G協会のライニング事業であれば、屋内の作業なので外部環境による影響は最小限に抑えられます。

さらにもうひとつ、当社の職人たちのためにも屋内の作業を事業の柱に加えることに意味があると考えました。

一般的に土木作業は体力的に過酷なので、どうしても年齢を重ねるにつれて長く続けられないという側面があります。

とくに屋外の作業であれば、昨今の尋常ではない暑さや寒さ、悪天候の中での作業もあるため、かなり体を酷使してしまいます。当然ながら大病や怪我を抱えると長く続けるのは難しい業種です。せっかく技術を身につけて職人になったのに、若くして病気になってしまい、作業に従事できなくなってしまうのであれば悲しい話です。

屋外作業しかなかった当社には他の選択肢がないことを危機感として持っていましたが、屋内作業であれば屋外に比べて体力的な負担は軽減されます。高齢者や何かの持病を抱えた職人であっても工事に携わるチャンスが増えることになります。

さらには女性の活躍にも期待ができます。昔は男性社会であった土木業界ですが、昨今は女性の進出も目覚ましいです。屋内での繊細な作業には、女性の感性を活かすこともできるのです。お子さんを育てている最中の女性も参加しやすくなります。あるいは施工するマンションの住民の方にソフトな対応ができる付加価値もプラスです。

このようなことから、当社では土木設備業界では難しいとされる新卒採用も視野に入れた将来世代を担う人材の獲得にも力を入れていくつもりです。Ｐ・Ｃ・Ｇ協会に加盟したことで、展望が開けたという思いがあります。

高度な技術を活用したい

そういったさまざまな角度から検討して、新しい雇用を生むこともできるP・C・G協会のライニング事業は魅力的でした。

協会に正式に加盟したのは、2023年4月になります。新しい新規市場に進出したことで、一気に視野が広がりました。

じつは当社が長年手がけてきたガス工事は、配管工事の中でも一番クオリティーが高いと言われている作業なのです。電気や水道の場合、工事を始める前に通電や水流を止めて、いわゆる停電や断水の状態にしてから作業をします。ところがガス工事だけはガスを流したままで作業を進めます。

なぜなら電気や水と違い、お客さまのガスが一時的に止まったりしてしまうと、その後再びガスが流れた場合、非常に危険です。うっかりガスコンロのスイッチを入れたままにしている場合も想定されるからです。また、ガスを止めることによりガス管に空気が混入し、ガスの供給不良事故のリスクもあります。従って、ガス工事をする際には、ガスを止めないようにバイパスを設けてから作業をします。つまりガス工事では非常に神経を使い

ガス管地中埋設工事。ガスは人間の血液と同じで24時間365日止めることはできません。細心の注意を払い、厳しい現場管理のもと、工事・メンテナンスを行っています

ガス管がつながる、それは「人と人との生活がつながること」。Ｐ・Ｃ・Ｇ協会員として事業領域が拡がり、大切な社会のインフラを担う現場の意識・矜持はより高く

ますし、また精密な道具や、繊細で高度な技術が求められるのです。ガスの工事ができるなら、どんな配管工事にも対応できるとさえ言われています。

事業領域を拡げていく中で新たな可能性、自社の強みに気付くことができました。手前味噌ながら、せっかくこれだけの技術力があるのならば、もっと世の中のお困り事を解決できるのではないかと。

お互いが繁栄し合う関係

スタートしたばかりで、当社には大きな現場の施工経験がまだありません。既存の協力会社さんの下で、現場でのＯＪＴによる施工経験を積んでいるところです。まだ一人工としてしっかりした仕事もできない状態なのに、仲間として助けていただいています。こうした他企業との横のつながりができたこと、助け合えることもＰ・Ｃ・Ｇ協会員になったメリットのひとつだと実感しています。

協力会社同士、互いに支え合える関係性がある。本来、施工代理店同士は、協力会社といえども、同エリアにある以上、基本的には競合であり、市場を取り合うライバル関係になってもおかしくありません。にもかかわらず、受注した仕事を仲間で分け合って、お互いが繁栄し合う共存共栄の仕組みは本当に素晴らしいです。

もし新しく仲間になる方がいれば、私たちは自分たちが教えていただいたことを同じように恩送りをしたいと思っています。

Ｐ・Ｃ・Ｇ協会の工法は、事業のありようとしてはお客さまの資産を守る、あるいは日本の公共施設などの資産も守ります。まさに環境を守っていくことと同時に、非常に高いレベルにある日本の施工技術を次世代に受け継いでいく意味もあります。

すごく斬新で、誰にも必要とされる事業だと思いますし、このように未来に残していくという意味での良い事業だと思いますから、共に目指される方がおられたら、一緒に協力できたらいいなと思っています。皆さまとのつながりを力に、今後も尽力してまいります。

PROFILE

社　　名	北野工業株式会社
所 在 地	大阪府堺市西区草部1356
設　　立	1964年5月
事業内容	P･C･G給排水管更生工事（FRPライニング、パラシュートライニング）、都市ガス配管及び保守等付帯工事、上下水道配管、宅地造成工事、電線地中埋設電線共同溝工事、軟弱地盤土壌改良工事など
P･C･G 協会加盟年	2023年4月

◆新工法で未来をつくる仲間が欲しい

施工代理店の皆さまの話を聞いていかがでしたでしょうか。

導入時に悩んだ理由に、初期費用を挙げている人もいました。その点についても触れておかなければなりません。加入時に初期費用はかかります。特殊な工法なので、機械や材料などを購入してもらう必要があります。しかし、この工法は技術的に認められ、すでに実績も多数あるために公的機関の補助金も出やすくなっています。すでに何社か、審査に通って数千万円単位の補助金が下りています。この業界や当社の知名度も上がっているので、銀行からの融資も受けやすいことでしょう。

ちなみに現在、配管関連の業界で仕事をしている会社さんであればさらにメリットは大きいです。ビルメンテナンス、下水道の更生工事などを行っている会社さんであれば、必要な機械をすでにいくつか保有しているはずなので投資金額は少なくなるでしょう。

市場は拡大し、今後も安定した仕事量が見込めます。広がる市場で、世の中から求められている仕事なのでやりがいもあります。工法が広がっていけば、皆さまにより多くの仕事が生まれ、お客さま、ひいては社会に広く歓迎されることになるでしょう。

第5章

ビル・マンションを元気にする「配管革命」

◆お客さまとの接点を増やす展示会・講演

ここまでライニング事業の市場や現状、そして当社の工法や構築中のネットワークについてお伝えしてきました。まだまだ話しきれていない部分は多々ありますが、それは次の機会に譲るとしましょう。

最後に、お客さまにどのように選んでもらうか。実際に当社ではどんな強みをPRして、管理会社さんやマンション管理組合さんにプレゼンテーションしているのかを紹介したいと思います。今までお話ししてきたことのまとめにもなります。

まず当社ではお客さまとの接点になる場を増やしています。配管にまつわるマンション管理について、ふだんの生活ではなかなか知ることのない注意点がいくつもあります。以前は、そうした理解につながる細かいノウハウなど、私たちが伝えなければいけないと思っていることを伝える場がなかなかありませんでした。

しかし、老朽化した配管問題は待ったなしの状況を迎え、管理会社さんや管理組合さんのほうでも情報が欲しいという意識の変化が起きています。

そうした要望に応えて、今や「建築総合展」「マンション管理フェア」「マンション排水管洗浄・更生勉強会」といった実演展示会や技術セミナーが全国主要都市で開かれるようになりました。こういった展示会やセミナーでは、マンション管理の実際をお伝えすることに加え、実務で役立つ知識やスキルの紹介などを行っています。

お客さま同士の情報交換ができる場所が増えたことにより、業界がより活性化しており、当社のプレゼンテーションを受けて、工法の優位性を認識していただいているのを実感しています。

ありがたいことに私自身への講演依頼も増えました。講演は必ずしも一般の方へ向けたものではなく、管理組合さん向けに行われることもあります。そこでは、より専門的な知識をお伝えすることになります。

例えば、東京多摩地域には、４００もの管理組合があります。その中心として活動をされている方が行政と協力し、管理組合に呼びかけて、排水管ライニングの勉強会を開催しました。管理組合の方々だけでなく、設計事務所を経営されている方、マンション管理士、また官公庁の設備関係者といった、まさにいま実際の現場にいる方々も、排水管ライニングの情報を集めているなどという〝熱〟が伝わってきました。

そういった会ではより管理側に向けた、配管替え、他工法との質、コスト、保証などの比較、その具体的なメリット・デメリットについて、そして実例などについてお話をさせていただいています。

当グループの活動に触れてＰ・Ｃ・Ｇ協会を知ってくださった方も多く、現在ではＰ・

排水管更生イベントや展示会などに積極的に出展している

Ｃ・Ｇ協会で一度広告を出すと３００、４００もの資料請求をいただくようになっています。

◆施工業者を選ぶ5つのポイント

排水管更生工事は、多額な費用がかかる10年、20年に一度の「大工事」です。皆さん初めてのことなのでわからないことが多く、判断も難しいので、すぐに業者に「すべて任せてしまおう」などとなりがちな場合も多いです。

もちろん、いいことではありません。大きなお金がかかることなので、依頼する業者はお客さまの目で見極めなければいけないのです。しかし、どのような基準で業者を見ればいいのかわからなくて当たり前です。

私は、そういう方々に、施工業者の見極め方を５つのポイントで説明しています。

1. 実績件数並びに実績年数が豊富な工法を使用しているかどうか

間違いない目安のひとつとして、実績が挙げられます。施工件数が豊富であり、長期間にわたって活動し、複数の工法で対応している業者は一定の信頼があります。なおかつ、これまでの事故やトラブルの有無もチェックしておきます。ただし、比較的社歴の短い業者であっても、信頼と実績のある会社や協会のサポートを受けているのであれば、評価を積み増ししてもいいかもしれません。

2. 保証期間が長期間であり、かつ倒産の恐れがない会社であること

10年、20年使っていかなければならないものですから、それに見合った保証がなければ、どんなに安かろうが、良さそうなものだろうが意味がありません。またできたばかりの会社、地元に密着していない会社、まだ信用を獲得していない会社には注意が必要です。

3. 必要な工事に、対応できる工法・技術を持っているか

排水管工事には相応の技術が求められます。それも、すべての業者がすべての工事に対応できるわけではありません。中には自信がなく、実績が少ないにもかかわらず工事を受注し、いい加減な工事を行ってしまう会社もあります。そのような会社に出会ってしまい、口車に乗せられて粗悪な工事を受け入れた結果、後に大きなトラブル

を起こしてしまう可能性は常にあるのです。工事を着実に行える技術を持っているかを確認する方法は後述します。

4. マンション管理組合、また管理会社と、少なくとも3年の間に施工に伴う法的なトラブルを起こしている業者は避ける

私は、できるだけその会社の工事を経験したことのある方の言葉を聞くことを勧めています。排水管更生は、大きな事業となるだけに、大小のトラブルはつきものではあります。それが、法的なトラブルにまでなっている場合は要注意です。その業者には、人的なものか、システム的なものか、あるいは資金的なものか、どこかになんらかの大きな問題を抱えている可能性があります。もちろんたまたま、避けられない問題に巻き込まれたのかもしれませんが、大きなお金を動かす依頼者側としては、選定の対象外とするのが賢明な判断です。

5. その業者の施工中現場の見学、またすでに施工完了した組合にその評価を聞く

「自分の目で工事を見る」「生の声を聞く」これは大変に有効です。なかなか敷居が高

いとは思いますが、事情を伝えて、現在の工事の見学をお願いして、自分で情報を得ることは、のちの決断において役立つでしょう。もし納得できない理由で見学が断られたら、何かあると考えて、採用候補から除いてもいいかもしれません。

いつの時代も生の声というのは、大変貴重なものです。実際に工事がうまくいった場合でも、いかなかった場合でも、他の人に話したいと考えているお客さまは案外多いものです。

くれぐれも「広告をたくさん出している」「テレビや雑誌で見た」「インフルエンサーが褒めていた」といったことに流されてはいけません。

◆予防ライニングで排水管を延命する

「予防保全としてライニングをお願いできますか？」

このような依頼を受けることも増えました。こういった管理会社さんや管理組合さんは、排水管に何か特別な問題が起きていなくても、あるいは修繕時期までまだ余裕があっても、事故を未然に防ぐためにライニングをしてしまおうと考えているのです。

配管の材質として使われてきたのは「30年間もつ塩化ビニル管」が主流となっている、

と先述しました。

もはや多くの排水管でその30年間という寿命が尽きつつあります。マンション管理組合の皆さんも塩化ビニル管についての基礎知識を持っている方はその事実に注目しています。令和の今、昭和や平成の前期に建てたビルにおいては、排水管の寿命が切れかけているという事実を知り、ライニングの知識を得ようとしています。その結果、予防ライニングを選択するのです。

実際問題として、もしマンションで水漏れ事故が起き、他の部屋、他の階に被害が及んだ時、事態は複雑化し、悪化します。とくに排水管から汚水が漏れてしまうトラブルは、水道水由来のそれと比べ、双方にとって金銭的にも精神的にも甚大な被害になるケースが多くなります。まず問題の原因を突き止め、原因を排除あるいは解決、そこから原状回復という長いフェーズを積み重ねなければなりません。

当然ながら時間もお金もかかりますし、住民の方々にも大きな負担をかけることになります。被害状況を解決できたとしても、建物自体に嫌なイメージを残しかねません。だからこそ、予防ライニングが必要なのです。

トラブルが起きる前に早めの処置をしておけば、このフェーズがなくなるわけですから、問題が生じた時に比べてはるかに費用が抑えられる、配管も長持ちするという結果になります。「まだ大丈夫」「不具合は起きてないから」と考えているうちに次のことを考える。それがよりスムーズな、より適切な予算でのマンション管理の実現につながりますし、事前に問題に対処しておくことで節約できた分の費用は他の出費に向けられます。

ちなみに漏水トラブルに関して「マンション管理における事故に対しては、保険があるから大丈夫では?」と考える方もいらっしゃるでしょう。確かに、保険はトラブルに備えるためなのですが、契約条件によっては保険が利かない場合もありますし、トラブルに対処するために必要な額にはまるで足りない、ということも珍しくありません。保険はすべてを解決してくれないのです。保険を受け取るための手続きは面倒ですし、満足できる保証を受けるためには交渉も必要になるでしょう。また実際に保険金を受け取れるまでには時間もかかります。

仮に、十分な額が出て、経済的な問題に関してはスムーズに解決できたとしても、排水管に関してはそれでよしとはなりません。経年劣化は同時期の排水管すべてにおいて起きています。別の部屋の20年使用した排水管に同じ問題が発生する可能性は高いでしょう。また、破損事故が起きた後の改修は、事前に改修を行う時に比べて時間もかかり、かかる経費が増大し、居住者の精神的負担が大きくなる一方です。
余裕のある時にこそ、予防的な排水管更生を行うことをお勧めします。

◆排水管更生は費用対効果が高い

当社の誇る「Ｐ・Ｃ・Ｇマルチライナー工法（ＦＲＰライニング）」を使用した排水管更生の大きな利点に、費用対効果の高さがあることはくり返し申し上げてきました。実際にお客さまから大幅の経費の削減によるお礼の言葉をいただくことは大変多く、嬉しい限りです。

１７２ページにある図は総戸数50戸のマンションで、40年間でかかる工事費に関してシミュレーションして比較したものです。配管替えを行った場合、一般的なライニング工法による場合、そしてＰ・Ｃ・Ｇマルチライナー工法による場合の３例で、ざっくりとした価格で比較しました。

結果的に当社の工法であれば40年間で行う更生工事は１度のみで、２０００万円となります。つまりＰ・Ｃ・Ｇマルチライナー（ＦＲＰライニング）工法なら、配管替えの４分の１、一般的なライニング工法の３分の１から４分の１で済むことになります。

マンション（50世帯）を40年間維持する金額の比較

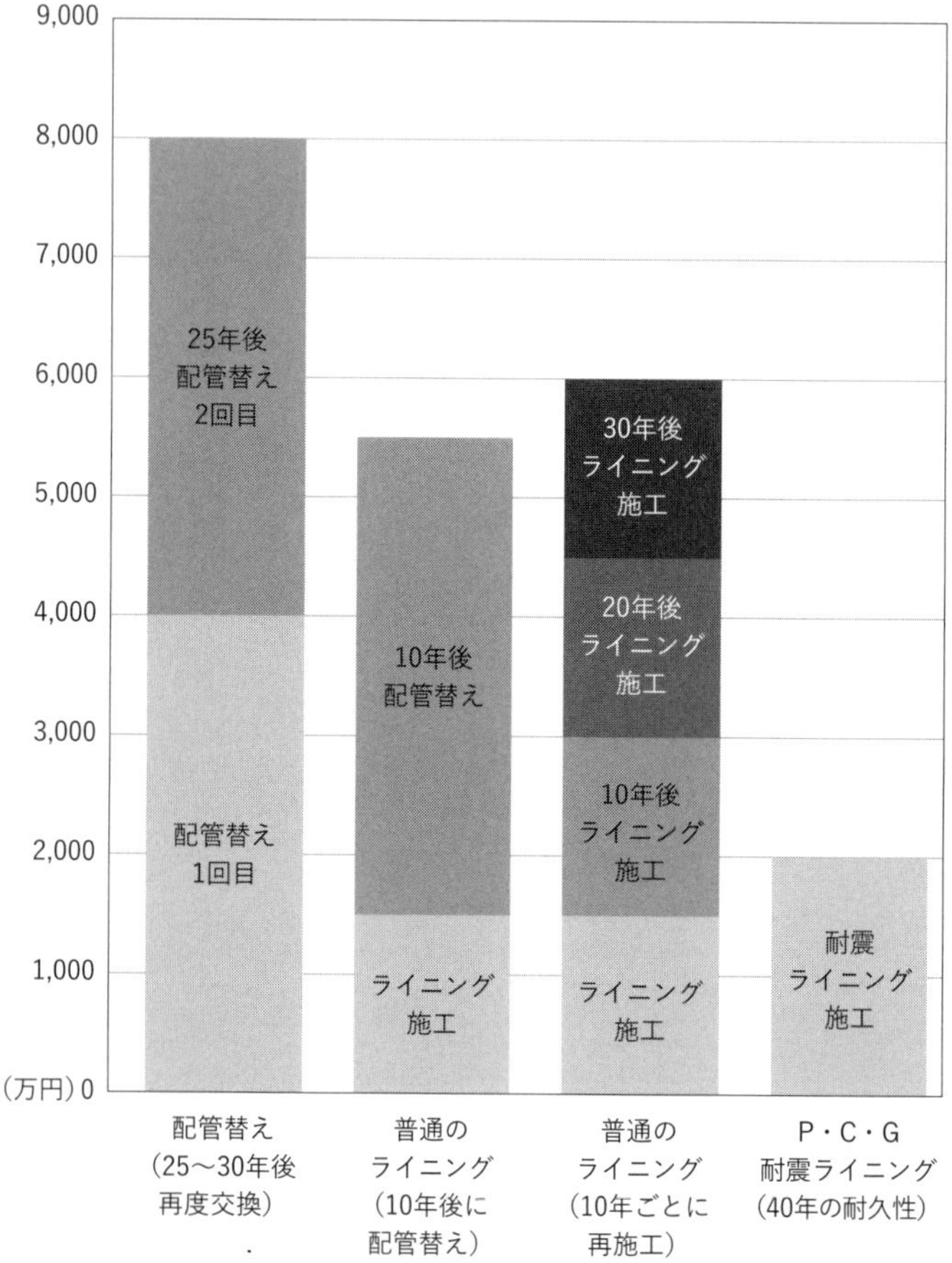

P·C·Gマルチライナー工法（FRPライニング）で施工すれば、配管替え工事より6,000万円削減でき、一般的なライニング工法より4,000万円の削減が可能です。削減分を管理組合の蓄えにすれば、今後の区分所有者の負担も減らせます。

排水管更生を知らずに配管替えをしてしまった管理組合さんなどから、「もうちょっと早く知っていれば……」という声も数多くいただくため、こちらも残念な思いをすることがあります。このような声を増やさないためにも、排水管の正しい知識と、ベストな管理を行うため、幅広い選択肢を持っていただき、伝えるべきことを広くお伝えしたいのです。

Ｐ・Ｃ・Ｇマルチライナー（ＦＲＰライニング）工法では、傷んだ配管はそのままで内側にパイプを作りますから、コストを抑えられる部分が大きいのです。

長い目で見たコストダウンとして当社のライニングをお勧めします。

◆時代が求める「ＳＤＧｓ」にも対応している

「ＳＤＧｓ」が重要視されています。いわゆる「持続可能な開発目標」です。

この〝持続可能〟というのが何を持続可能にするのか、と思われる方が多いでしょう。それは「今、この状態」を意味しています。これからの未来を担う世代のために、環境や資源を守り、今を維持するためにどうしたらいいか、それを考えるというのが「ＳＤＧｓ」の理念となっています。

そして「開発」には、この世界に関わるすべての人々が、自分の場で役割を果たせる力を発揮できるようにしていく、という意味があります。

この「ＳＤＧｓ」に参加しているのは、国連に加盟している全１９３カ国、まさに世界的な動きになっています。「ＳＤＧｓ」は、２０３０年までの達成目標となっていますが、このような動きは、２０３０年を過ぎても名前を変えて続いていくでしょう。つまり、今後もずっと意識していかなければならない理念です。

さて、そんな状況に、私たちＰ・Ｃ・Ｇ協会はすでに対応しています。

ライニング層の強度を向上させ、その上でゴミがまったく出ないという、まさに究極の工法を完成させています。

それがいかなるものか？　簡単にご説明します。２００１年に誕生したＰ・Ｃ・Ｇマルチライナー工法ですが、この20年以上の間にさまざまな進化を遂げてきました。そのひとつが、廃棄物の大幅な削減です。以前はＦＲＰライニングで施工する際には、エポキシ樹脂の外側を０・５ミリのホースで覆ったものを使い、これを管に入れてホースの中に圧力をかけて膨らませ、終わると引き出していました。つまり、従来のやり方だとパイプ内に新たなパイプができ上がった後、パイプの〝抜け殻〟のような廃棄物を取り出して処理しなければならなかったのです。

しかし、この方法では、施工するマンションが大規模になるほど、作業の際に引き出した、古い管などの廃棄量もそれなりの量になってしまいます。その処理にかかるコスト、その際に発生するＣＯ$_2$の量を考えると、改善の余地がありました。

その部分に着目し、新しい発想と技術を用いて作られたのが進化したＰ・Ｃ・Ｇマルチライナー工法であり、私が「究極の工法」と呼ぶ工法です。その究極の工法とは、これまでは作業の中で捨てていた、管の外側を覆うウレタンホースを、ＦＲＰ管に一体化させたままで施工する、というものです。すると樹脂の厚み分、０・５ミリ厚くなってその分強度がアップし、付随する多くのメリットが生まれました。

具体的には、まずこの究極の工法であれば、空気を遮断した内部で圧力をかけて作業するため、ピンホールができません。ピンホールとは先述しましたように、さまざまな原因で生まれる針であけた程度の小さな穴を指します。わずかな穴ですが、これがライニング層にできていると、長い年月のうちに、排水管の錆、ライニング層の膨れや剝がれといった諸問題につながるのです。小さな穴ひとつでも、各所に深刻な問題を生み出してしまうのですが、そのピンホール由来のトラブルが起きる心配がなくなります。これが他工法にない、20年間の保証を可能にしている秘密のひとつです。

その上で何よりも、今まで捨てていたゴミを出す必要がなくなります。それによって、廃棄処理にかかるコスト、CO_2の排出問題を自然な形でクリアできました。

まさにP・C・Gマルチライナー工法はSDGs時代にマッチしている工法なのです。

◆「アスベスト対策」への取り組みも万全

アスベスト（石綿）が健康に有害な素材であることは広く知られています。アスベストの危険性に気づき、1975年よりその使用が段階的に規制されて完全禁止になったのは2012年のことです。高度成長期、ビルもどんどん建てられていく中で、アスベストを含有する建材が多くの場所で使われました。

アスベストについては、ビルの解体や改修工事でも、リフォームでも、事前調査を行わなければいけません。小さい工事でも大きい工事でも最初に作業に入る前に、必ずアスベストがどれくらい飛散するか検査が必要になります。

それには大変な手間とコストがかかります。当社では他工法と違うやり方を開発しており、手間とコストの大幅な削減を実現しています。他の工法では、施工に関わるすべての箇所、全範囲、全部をチェックしなければなりませんが、当社のそれは、建物の入口と出口の2箇所に関してアスベストが飛散するかどうかをチェックするだけです。

なぜそれだけで大丈夫なのかというと、入口と出口の部分だけ真空状態にして密閉状態を作り、アスベストが飛び散る口になる、開口部を入口と出口の2カ所に絞った上で、作業を行うからです。当社の場合は、仮にアスベストが出た場合でも、その飛散を防げるのです。

実例を挙げて説明しましょう。

ある公的機関から住宅リフォームの依頼を受け、2年かけて排水管の改修工事を行いました。先方の当初の計画では、建物全体で更新工事をやる予定だったようです。

しかし、汚水縦管が入っているパイプシャフトの壁のアスベスト調査をすると、「レベル2」という結果が出ました。これは粉塵発生の可能性が高い、とされるレベルとなります。

そのため、地元自治体へ、壁を壊して作業を行いたいと申請をしましたが、許可が出ませんでした。アスベストの対策を打とうとしても、従来のやり方では壊す許可が下りないのです。そういった状態の中で急遽、当社のライニングで対応してもらえないか、という依頼になりました。

アスベストを飛散させないために、FRPのライニングを行い、46メートルの管を通すという当社最長の施工に挑まなければなりませんでした。従来であれば、中間階で分割してやりますが、工事中、中間階でのアスベスト飛散に対応する作業が必要になってしまいます。そこで、排水の規制の日数は増えるものの、「FRPのライニング1本まるごと46メートルの管が通せます」と伝えました。結果的にどこも壊すことなく、46メートルの新しいパイプを通し、工事を終えました。新記録を達成し、当社は大きな学びを得ました。

時代からの要請、過去から現在まで続いている問題など、いろいろな意味合いで今、環境について考えなければならない事案が増えています。その結果、従来の考え方、従来の技術では、事実上解体・改修できないという状況が発生する場合が、現実として出てきているのです。

このような場合でも、私どもの工法を採用していただくことにより、「不可能」という状況を解決できることがあります。速度の面でも安全性の面でもコスト面でも優位性があるということになります。

◆ゲリラ豪雨・震災など、天災に強い配管づくり

最近「耐震ライニング」というテーマで、講演の依頼を多く受けるようになりました。

能登半島地震の惨事はまだ鮮烈な記憶として残っています。

一方、地球温暖化から、酷暑の年が続いています。それに伴いとくに夏季には異常気象といえるような大雨が珍しくなくなりました。

いま時代の中で求められているのが、気象災害への耐性です。地震に関する配管の備えについては先述しましたので、ここでは水害に関する話をします。

昨今、ゲリラ豪雨によって、浸水が起きたり、マンホールの蓋が飛ばされて排水が噴水のようになったり、汚水が溢れて道路をまるで川にしてしまった衝撃的な光景が、ニュースやインターネットの動画で度々映し出されます。

当社にも、ゲリラ豪雨によって破損した共用部分の雨水管の修繕依頼が増えています。雨水管とは、屋上や各階ベランダに溜まった水を、河川や下水管に排水するためのものです。本来、雨水や、それほど大きくないゴミが流れることを想定した管のため、汚水が流れる排水管に比べると汚れが堆積しにくく詰まりにくいのです。土埃やゴミ、落ち葉などは入り込むことはあるものの、油性の汚れが少ないため、通常の雨量であれば自然に流されていきます。

しかし豪雨が降ると、一度に雨水管を通過できないほどの雨量、また各種ゴミが流れ込むため、溢れ出してしまう現象が起こります。

さらに、適切な修繕が行われていない、築年数が経過した建物では、雨水管が豪雨による多量の雨水の流れに耐えられず、腐食していた部分などから亀裂が入り、水漏れを起こしたりします。また雨水管は地震の影響を受けやすく、分岐部分は新品の管でさえ、地震の揺れや衝撃に負けることがあります。

雨水管は外壁に付いているのなら工事を行いやすいのですが、建物の構造内を通っていることもしばしばで、このような場合には完全な取り替えが難しいのです。従って、通常、構造内を通っている雨水管は、新築時に設置されたものより小さな径の管を差し込んで改修します。しかし、この工法による修繕では、径が小さくなったことで、工事後に排水性能が低下してしまうわけです。

Ｐ・Ｃ・Ｇのライニング工法は震災に対応するためにも欠かせないのです。当社では耐震ライニングの研究を日々進めており、用途に応じて使い分けられる数種の実用新案登録並びに特許申請、技術審査証明も取る予定でいます。独自のライニング技術と、そこに使われるＦＲＰ管の芯材に、防弾チョッキにも使用されるスーパータフネスクロスという素材を使うことで、耐久性能・耐震性能を向上させているのです。

◆マンションの資産価値を引き上げる

マンションを買おうとした時、何を基準にするでしょうか。

じつは、マンションを〝管理状況〟で選ぶという購入者が増えています。一般論で考えれば、資産価値の高いマンションを買おうとした時、最初に見るのは「築年数」ではないでしょうか。新築は当然として、築浅ほど価値がある……そう思っている方は多いと思います。

しかし、近年その常識が覆りはじめています。例えば、新築のマンションを都心の一等地に購入しようとしても、すでに都内の土地は埋まっており、新築が少ない。出てきたとしても尋常ではない高価格帯であり、現実的には富裕層にしか購入できません。新築マンションを手に入れようとしたら、より郊外に求めるほかないようです。

では、中古市場に目を移します。都内の一等地にはバブル時代に建設された、築20年以上の物件があります。築年数が多いだけに、購入価格も手頃で、「新築」「築浅」という条件を外せば、魅力的な物件が多いのです。

また、昨今のリノベーション（全面改装）ブームも、中古マンション人気を下支えしています。自分の理想のシチュエーションにある中古マンションを手軽な価格で購入し、リノベーションして住む人が増えているのです。国が中古住宅の市場整備に乗り出していることもあり、住宅ローンが借りやすくなっているのも追い風となっています。

このような、中古マンションが人気の時代で、不動産のプロが物件の何を見るかというと、物件の「劣化状況」です。たとえ築年数が経っていても、適切な修繕が施されている物件は、高い評価を受けるのです。マンションを売却する場合、不動産業者が資産価値の査定を行いますが、査定は立地、利便性、周辺環境、周辺販売事例価格などに加えて、今までの管理状態や修繕積立の状況も重要視されます。部屋のそれぞれの専有部だけでなく、共用部や管理体制もチェックされます。

このような状況から、マンションの管理や修繕はおろそかにしてはいけないという意識を強く持つマンション管理組合が増えています。

P・C・Gマルチライナー工法は、保証期間、耐用年数が長く、購入者にとって大きな安心材料となるという評価で、当社の手がけた物件は不動産業者の方々も販売に力を入れてくれているそうです。

◆全国にネットワークを持つ会社の強みを利用する

施工業者を選ぶ基準で、最後に手前味噌の話をします。それは「ネットワークを持っているかどうか」を判断の基準にしていただきたい、ということです。

業者の中には、会社のセールスポイントをアピールする上で、次のような営業トークを使うところがあります。

「当社はすべて直営、施工も当社で行います。一元管理なのでご安心ください。業者によっては、フランチャイズや工法協会で、分担して工事を行うところがあります。これは、会社がしっかりした工法や技術を持っていない証拠です」

このような内容を、自社のＰＲとして語る業者がいます。ぱっと聞いた感じでは「直営で一切の責任を負ってくれる。確かに安心だ」という、ある程度の説得力を持っています。しかし、これはまったく違います。この営業トークに、安心の保証はひとつもありません。

例えば、私どもＰ・Ｃ・Ｇ協会ではお客さまの不安を取り除き、長期保証をするために、信用ある企業に審査証明技術の規定に基づいて、徹底した研修と教育を行い、技術者育成に力を注いでいます。また、Ｐ・Ｃ・Ｇ協会の工法開発元であるＰ・Ｃ・Ｇテクニカとｐ・

Ｃ・ＧＴＥＸＡＳでは、一般財団法人建築保全センターより「保全技術審査証明書」を交付されています。さらにＰ・Ｃ・Ｇマルチライナー工法のＦＲＰライニング、パラシュートライニング、また給水管の更生技術としてＰ・Ｃ・ＧＶａｃＬ工法で「技術審査証明」を取得。それに加えて、特許取得もしています。

これらのことは、実績を評価された上で厳しい審査を受けて、公的機関などに認められたということです。Ｐ・Ｃ・Ｇテクニカでは男性社員全員が資格取得者です。国家資格である「産業洗浄技能士」の資格取得をＰ・Ｃ・Ｇ協会では一丸となって取り組んでいます。Ｐ・Ｃ・Ｇ協会の会長であり、Ｐ・Ｃ・Ｇテクニカの会長でもある私は、長年の国家資格技能士検定推進が評価され、厚生労働大臣より表彰いただいています。

さらにその上で、全国の施工会社の技術者育成、並びに全体のレベルアップを図るため、定期研修、現場研修、そして情報交換も随時行っています。

このような活動を通して信頼をさらに積み上げた上で、それを活かして全国にネットワークを広げ続けています。

給・排水管の場合、施工中はもちろんのこと、施工後にアクシデントが起きた時、早急に対処を行える業者を選ぶことも、重要なポイントです。

今後、昭和・平成初期に建てられた物件の修繕が増えることで、さらに排水管ライニングのニーズが高まることが予測されます。従って、広いサービス網がなければ、仮に素晴らしい技術で施工しても、その後の突発的な事態に迅速に対応できません。

それはお客さまに大変なストレスになりますし、不誠実なことだと私は考えます。

ですから、Ｐ・Ｃ・Ｇ協会では、トラブルがあればすぐに駆けつけられる範囲内に、業界日本一を誇るサービス網を作っているのです。

時に、聞かれることがあります。

「なぜ自社ですべて受注をしようとしないのですか？　そうすればもっともっと会社を大きくできるでしょう」

確かに、その通りです。当社だけでやれば儲けは増えるでしょう。しかし、私はやりません。私たちの作るもの、お届けするものは迅速な対応と長期保証が大切であり、それは守り続けなければならないものだからです。ネットワークを広げることは、アフターフォローのメリットが大きい。またネットワークに協力いただいているのはいずれも、地域密着型の信用のある企業で、そのような方に力を貸していただいています。その結果、マンションの管理組合さまにも、ビルの管理会社さまにも安心して長くご好評を頂戴している

Ｐ・Ｃ・Ｇの技術は公的に認められた安心の工法
8つの栄誉は10年保証・20年保証の裏付けです

愛知環境賞　名古屋市長賞

厚生労働大臣表彰状

建技評

実用新案登録証

特許証

愛知県SDGs
登録企業認定

PM優秀製品賞

審査証明書

のです。このことは私にとって望外の喜びです。

◆すべての施工代理店が「配管革命」の旗手となる

おかげさまで当社は60周年を迎えることができました。この60年の歴史はたゆまぬ技術開発の歴史と言っても過言ではありません。

その集大成といえるのがパイプの中にパイプを作る第3の工法、パイプ・イン・パイプ工法である「P・C・GマルチライナーⅠ工法（FRPライニング）」と「P・C・GFRPサポーターⅠ工法」です。実際に公的機関をはじめとする多方面から高い評価をいただいています。この「P・C・GマルチライナーⅠ工法（FRPライニング）」と「P・C・GFRPサポーターⅠ工法」を含めた当社の複数の工法が、技術審査証明4件、特許13件、実用新案登録5件を取得しております。

しかし、まだまだ当社は技術革新と成長の歩みを止めるつもりはありません。次なる65年、70年、そして100年に向けて、独自技術を磨き、企業としての社会的責任を果たすことが私たちの使命だと考えています。

そのためには、より多くのビル・マンションを元気にする会社さんの協力が必要となり

生活者の「困った」を解決すること。それが新技術を生み出す力になる

ます。P・C・Gの排水管更生事業は絵に描いた餅ではなく、新規事業進出や事業の多角化には最適のビジネスです。

P・C・G本部も直営チームで事業を実践し、２０２３年度は31億３２１０万円を売り上げています。既存の施工代理店さまにも５〜10億円を売り上げる企業が複数あります。

ライニング業界１、２を争う企業や更新工事（設備大規模修繕業者）の有力企業からもP・C・Gの排水管更生事業への加盟が相次いでいます。これらを見ても、P・C・Gの工法がいかに優れており、事業の将来性、有望なのかがおわかりいただけると思います。

創業60年に及ぶ歴史、豊富な経験、特許工法「FRPライニング」を駆使した「パイプ・イン・パイプ」施工を可能にする技術力など、ビル・マンションの排水管更生事業を手がける当社が自信をもってお勧めできる収益性の高いビジネスです。

ビルのオーナーさま、マンションの管理組合さま、マンションの管理会社さまに感謝される新事業です。ぜひ、私たちと一緒に「配管革命」の旗手になりましょう。

現在もP・C・G協会では、市場拡大に伴い、ネットワーク参加企業を募集しています。

私たちの理念にご賛同いただける方は、ぜひお声がけください。

一緒に、この世界を広げていきましょう!

おわりに

最後に、違う視点からこの業界の未来を語らせてください。

この業界には今、多くの若い人が参入してくれて、やりがいをもって働いています。いくら時代が変わっても、やはりお客さまに喜ばれることこそやりがいであり、そこを目指して皆さん頑張っているのです。

当社には大学新卒の若い社員が毎年入ってきます。当社のライニング工事は建築作業とは違うので、〝一にも二にも体力〟という力仕事ではありません。

基本的には、当社に入社した社員は男女関係なく全員が、最初の3カ月は現場研修をしてもらいます。たとえ、内勤や営業のスタッフであっても、当社の工法をまったく知らないのでは困るからです。

すると、意外なことに営業志望で入った新卒社員が、研修を終えてもそのまま現場を続けたいと申し出てくることもあります。やはり、現場で作業をして配管がきれいに生まれ変わったら、お客さまに喜んでもらえる――。そういう経験が、ずっと現場にいたいというひとつの原動力になっているようです。

当社は女性社員も現場に出ています。工事のスタッフは男性が多くなりますが、作業チームには必ず女性スタッフを同行させています。配管の修繕に対して、高齢者や小さなお子さまのいる家庭、あるいはひとり暮らしの女性への配慮が必要だからです。ひとり暮らしの女性にとって住居に見知らぬ男性が入ってくることに抵抗感があるのは仕方ありません。

そこで、女性スタッフが訪問することで、抵抗感を軽減し、プライバシーに関する細やかな相談もしやすくなるわけです。

当社はお客さまの住んでいるエリアで作業をするので、住人の方との円滑なコミュニケーションも求められる場面があります。当社のスタッフのお客さまや住民の方々への接し方についてはとても評判がいいです。

現場では、まだ仕事は半人前であっても、お客さまに対して「おはようございます」とか、「こんにちは」などと元気よく挨拶することはできるはずです。気持ちのよい挨拶をすると、相手にも気持ちよくなってもらえます。施工完了後には管理組合さまから感謝状をいただくこともあります。

これからも、私たちはＰ・Ｃ・Ｇ協会の施工会員と連携を取りながら、さらなる会員の拡大を進め、お客さまの満足度が高い配管工事を目指していきます。

「居住者の皆様の不安を取り除き、安心感を持っていただく。確かな仕事をすれば、評価され、必ずそれを見ている人がいる。その方が、明日のお客さまになるかもしれない」という当初からの想いを忘れず、地道に邁進してまいりたいと思っております。

Ｐ・Ｃ・Ｇ協会や、当社のライニングに興味がありましたら、ぜひ本部にお問い合わせください。

２０２５年１月

一般社団法人Ｐ・Ｃ・Ｇ協会
株式会社Ｐ・Ｃ・ＧＴＥＸＡＳ
株式会社Ｐ・Ｃ・Ｇテクニカ
会長　藤井金藏

藤井金蔵

ふじい・かねぞう

株式会社P・C・GTEXAS代表取締役会長。株式会社P・C・Gテクニカ会長。一般社団法人P・C・G協会会長。特定非営利活動法人日本管更生工業会理事。一般社団法人全国管洗浄協会理事。1949年岐阜県生まれ。1964年、ビル・マンション、工場の配管設備の維持管理の専門企業として創業。半世紀以上にわたって多くのビルやマンションの修繕を手がける。高い技術開発に定評があり、P・C・G排水管更生技術は行政機関からも高い評価を得、PM優秀製品賞を受賞。東京都住宅供給公社の工法認定を取得。P・C・Gマルチライナー（パラシュートライニング）、P・C・Gマルチライナー（FRP耐震ライニング）、P・C・GVacL工法、P・C・GFRPサポーター工法の4つの排水管更生技術において審査証明を取得。創業以来、半世紀に及び手がけた給水管・排水管の更生は累計2600棟以上。著書に『ビル・マンションの給水管・排水管は劇的によみがえる!』（現代書林）、『マンション管理組合理事のための大規模修繕成功の秘訣』（幻冬舎）など。

株式会社P・C・Gテクニカ

https://www.pcgtexas.co.jp/

P・C・G協会の全国ネットワークについて、
詳細は下記のQRコードをご参照ください。

取《と》り替《か》えなくてもよみがえる 排《はい》水《すい》管《かん》ライニング工《こう》法《ほう》の秘《ひ》密《みつ》に迫《せま》る！

2025年2月17日　初版第1刷

著　者 ―――――― 藤《ふじ》井《い》金《かね》藏《ぞう》
発行者 ―――――― 松島一樹
発行所 ―――――― 現代書林
〒162-0053　東京都新宿区原町3-61 桂ビル
TEL／代表　03 (3205) 8384
振替00140-7-42905
http://www.gendaishorin.co.jp/
デザイン ―――――― 中曽根デザイン

印刷・製本：(株) シナノパブリッシングプレス
乱丁・落丁はお取り替えいたします。
定価はカバーに表示してあります。

ISBN978-4-7745-2036-0 C0052